KB211490

시조로 읽는
모세5경 4복음서

To.

_____

_____

_____

From

지은이 **유 화 웅**

시조로 읽는
모세5경
4복음서

가나북스

머리말

모든 이들이 부르는 노래가 되길

———

성경을 읽으면서 인류사상 가장 위대한 지도자요, 리더십을 갖춘 모세가 성경 안에 갇혀있고 기독교인에게만 머물러 있다는 것이 답답했습니다.

제국에 맞서서 한 민족의 정체성을 깨닫게 하고 민족을 노예에서 해방시켜서 국가를 건설하는 모세는 인류역사에 어느 누구와도 비교할 수 없는 초인적 지도자였습니다.

광야 40년, 그곳이 기도처였고, 그곳이 교회였습니다. 그리고 광야를 지나며 영감을 받아 쓴 오경은 다른 어느 고전과 대비할 수 없는 책입니다.

필자는 성경과 기독교인 안에 갇혀 있는 지도자 모세를 세상 밖으로 탈출시키고 싶었습니다.

그래서 모든 이들이 모세를 통한 하나님의 뜻과 세계를 쉽게 접근하며 기독교와 공감하게 하고 싶은 마음이 간절했습니다.

펄.S.벅 여사의 '성경을 아무렇게나 읽으면 아무렇게 산다'는 말이 저의 뇌리를 떠나지 않았습니다. 아무렇게 성경에 손을 대면 안 되지 하며 신구약 성경을 수십 번 통독을 했습니다. 그리고 모세5경을 시조로 써야겠다는 마음을 먹으며 모세5경만 집중적으로 다시 읽으며 요약을 해 보았습니다.

성령의 인도하심에 따라 창세기 50장, 출애굽기 40장, 레위기 27장, 민수기 36장, 신명기 34장 모두 187장을 평시조의 운율에 맞춰 옮겼습니다.

궁극적으로는 하나님의 구원의 역사와 하나님 나라 확장에 초점을 맞추느라 애썼습니다.

187편이 양으로는 많지 않지만 한 수(首) 한 수(首) 읽으면서 하나님의 뜻이 가슴에 새겨지는 강한 역사(役事)가 일어났으면 합니다.

그리고, 성경을 관통하고 있는 한 분 예수님을 그리스도로 믿는 고백과 확신을 통해 참 제자의 길을 가게 하는 길을 모색하다가 4복음서를 시조로 옮기게 되었습니다.

'태초에 말씀이 계셨으니 이 말씀은 곧 하나님이라'(요한복음 1:1)는 말씀대로 하나님을 믿는다는 것은 곧 성경말씀을 믿는 것인데 이 말씀을 조금은 편하고 즐겁고 흥겹게 읽을 수 있도록 '시조로 읽는 모세 5경'에 이어 '시조로 읽는 4복음서'를 세상에 내놓게 되었습니다.

또한, 영어 등 외국어로 번역되어 우리나라 고유시의 영역을 넓혀 나갔으면 하는 바람도 있습니다.

나아가 뮤지컬이나 오라토리오나 칸타타나 국악의 창(唱) 또는 판소리로 작곡되어 무대에서 연주되어 하나님 나라를 즐겁게 노래하고 세계로 퍼져나갔으면 합니다.

마태복음 28장을 127수로, 마가복음 16장을 75수로, 누가복음 24장을 150수로, 요한복음 21장을 116수의 시조로 모두 468수(首)로 썼습니다.

손닿은데 놓고 틈틈이 읽으며 하나님의 구원의 역사(役事)와 우리 주님의 사랑과 체온을 느꼈으면 합니다.

또, 자녀들의 손에 쥐어져 언제 어디서나 쉽고 편하게 하나님 말씀을 흥겹고 재미있게 대하는 책이 되었으면 합니다.

시조를 쓰는 동안 내내 기도와 격려로 용기를 준 제 아내 김춘자 권사가 고맙습니다.

이 책을 보시면 기뻐하실 어머니 아버지가 너무 보고 싶습니다. 평생을 가시고기처럼 온 몸과 마음을 자식 위한 희생으로 사시다가 지금에는 하늘나라에 계시는 어머니, 아버지와 장인, 장모께 '시조로 읽는 모세5경'과 시조로 읽는 4복음서인 이 책을 바칩니다.

제 자손대대 성경이 손에서 놓이는 일이 없이 성경말씀대로 살아서 '꿈 너머 꿈'을 이루었으면 하는 바람 또한 간절합니다.

이 원고를 탈고 한 날이 제 맏아들 창열이의 생일날인 5월 16일인 것과 둘째 아들 공열이의 생일 6월 25일에 이 책이 출판되는 것이 제게는 매우 뜻 깊습니다.

또한 제게 세례를 베푸시고 결혼 주례까지 맡아 주셨던 고(故) 이관영 목사님과 구로동 교회 김찬호 목사님의 인도가 아니었다면 오늘의 제가 없을 터이고, 또 제 인생의 전환점을 가져오게 하고 사람을 품고 사랑을 가르치고 열정적 삶의 본을 보여 주시고, 추천사를 써주신 스승 안산동산교회 김인중 목사님, 가리봉 교회 최홍규 목사님, 수원 샘물교회 최의수 목사님, 샘터교회 정진회 목사님, 영남신학대학교 총장 오규훈 목사님, 한남대학교 전 총장 김형태 박사님, 한북대학교 전 총장 김병철 목사님과 은혜교회 윤광식 목사님께 깊은 감사를 드립니다.

그리고 원고를 정리해 준 최진성 시인과 이 책이 초판 때는 시조로 읽는 모세5경과 시조로 읽는 4복음서, 각각 2권으로 출판되었던 것을 재판을 찍으면서 2권을 합본하여 한 권으로 출판하는 것이 좋겠다며 한 권으로 출판을 해주신 가나북스 대표 배수현 장로님과 디자인과 편집을 맡아 수고하신 박수정 실장님을 비롯 모든 분들게 깊은 감사드립니다.

　나의 주 나의 하나님 내가 주를 사랑하나이다.

유 화 웅

추천의 글

推薦書
Recommendation

하나님께 올려드릴 최고의 찬양시조,
예수님의 생생한 이야기인 4복음서

대한예수교장로회(합동) 안산동산교회 원로목사
김 인 중

이 세상에서 '시와 노래의 감성'으로 가장 풍성한 분이 바로 우리 하나님이십니다. 그토록 '심히 좋아'하셨던 하나님의 '창조'로부터 그의 사랑하는 백성에게 주신 모든 '언약'에 이르기까지 '시조'라는 멋진 장르로 한 장 한 장 올려드린 찬양, 저는 이 찬양들을 읊어가며 감출 수 없는 흥분과 감탄이 끊이지 않았습니다.

이토록 아름다운 시조를 한 장도 빠짐없이 귀하게 읊어주신 유화웅 교장 선생님께 깊이 감사 드립니다. 저는 이 시조를 읽는 모든 분들이 하나님의 풍성한 성품을 함께 맛보며, 한 마음으로 우리 하나님께 최고의 찬양을 올려 드리리라 확신합니다.

사랑하는 예수님의 생생한 이야기인 4복음서를 아름다운 시조로 읽어내신 유화웅 교장선생님의 성경에 대한 깊은 이해와 열정에 깊이 감사드립니다. 이 시조를 읽는 모든 분들이 우리를 위해 이 땅에 오신 예수님, 우리를 위해 십자가에 못박히신 그리스도, 우리의 영원한 생명을 위해 부활하신 예수 그리스도의 이야기가 우리의 마음과 생각과 삶에 닿아 놀라운 변화가 일어나기를 기대하고 소망합니다.

그리고 이 시조로 쓴 4복음이 뮤지컬이나 오라토리오, 칸타타, 국악으로 재탄생되어 온 세상이 예수 그리스도를 찬양하는 음악으로 가득 찼으면 합니다.

구원의 길을 안내하는
등대 역할

한국기독교장로회 가리봉교회 담임목사
최 홍 규

고등학교를 졸업하고 40여 년이 지난 후에 유화웅 선생님을 뵙던 그 날도 벅찬 감격의 날 이었습니다만, 이번에도 선생님께서 좋은 책을 내심 또한 감격스러움을 금할 수가 없습니다. 무엇보다 성경의 모세오경을 시조로 지으심에 놀라운 뿐 입니다. 목회자인 저로서는 감히 상상도 하지 못할 일을 하셨습니다.

그 동안도 여러 권의 책을 내셨지만 이번 성경시조는 무엇보다도 귀한 책이라 생각 됩니다. 그야말로 가장 보배로운 책이라고 생각 합니다. 모세오경은 우주의 기원과 이스라엘의 생활과 구원역사를 다루고 있습니다. 특히 율법서라고 하는 책인데 그것을 시조화 한다는 것은 참으로 어려운 작업일 것입니다.

이스라엘의 문화가 우리와 같은 동양 문화권에 속하기에 서로 일맥상통한 면들을 많이 가지고 있습니다. 그러므로 성경을 시조화한 본서는 보다 더 우리 문화권에서 성경을 더 쉽게 이해하고 친밀감을 느낄 수 있게 하리라고 생각합니다.

오늘 현대사회는 신을 부정하고 인간의 우수함과 위대한 능력을 자랑하고 있는 오만한 시대입니다. 마치 바벨탑을 쌓던 시대와 같습니다. 정신과 영혼의 세계를 무시하고 오직 현실주의와 육체주의로, 물질만능주의와 쾌락주의로 빠져들어 가면서 멸망과 파멸의 길로 치닫고 있습니다.

성경은 이러한 인간과 세상에 구원의 길을 보여주고 있듯이 본 서가 수많은 사람들에게 구원의 길은 안내하는 등대 역할을 잘 해낼 것이라고 생각합니다.

대한민국 교육계의 현장에서 평생을 학생들을 가르치시고 헌신하신 유화웅 선생님께서 인생의 노년기를 접어들면서도 왕성한 저작활동으로 젊은 청년의 활력을 뿜어내시며, 더욱 깊고 깊은 삶의 진수가 들어있고, 영성이 깊은 그 분의 신앙의 고백이 담겨 있는 이 책이 출판됨을 진심으로 축하드리며, 그 분의 제자 됨을 한 없이 기뻐합니다.

선생님의 여생에 더욱 은혜와 사랑이 넘치고 행복한 미래를 펼쳐 가시기를 바라오며, 이 책을 통해서 독자 여러분의 광야 같은 인생길에서 목마를 때마다 행복의 샘물을 퍼 올리는 우물이 되시기를 바랍니다.

시조로 담아 낸
말씀의 샘

기독교한국침례회 수원 샘물교회 담임목사
최 의 수

유장로님을 처음 만난 것은 고등학교 때였으며 저의 3
학년 때 담임선생님이셨습니다.

엄하시면서도 항상 자상하셨고, 야단치시면서도 가슴
아파하셨고, 끝까지 제자들을 사랑으로 품어주셨던 선생
님이셨습니다.

장로님은 여전히 시들지 않고 꺾이지 않는 그때의 열정
과 진솔한 가르침이 그대로 살아있었습니다. 선생님의 가
르침은 영성이 있는 가르침이셨고 하나님과 사람 앞에서
소중하게 세워질 수 있도록 영적 비전을 가지게 해 주셨습
니다. 무엇보다도 사람다운 사람을 만들어내던 교육 현장
인 만리동 봉학산에서 교육의 참된 가치와 맛을 느끼게 해
준 최고의 가르침이 선생님께 있었습니다.

또한 삶으로 가르치는 것만 남는다는 말처럼 선생님의 가르침은 단순한 이론이나 지식만을 전달하는 가르침이 아니었습니다. 삶과 사랑으로 품어 주시는 살아 있는 교육이었습니다. 그래서 영적 감동이 있고 삶의 변화가 있게 한 가르침이었습니다.

이번 존경하는 장로님께서 시조라는 그릇에 담아 하나님의 말씀을 쓰셨습니다. 시조 성경의 모세오경은 이해하기가 어려운 말씀들을 쉽고 간결하게 요약해서 써주셨고 새로운 영적 감동과 또 다른 말씀의 맛을 느끼게 해 주셨습니다. 하나님은 살아계시고 선포되는 말씀은 여전히 살아 움직이는 생명력이 있습니다. 장로님을 통해서 새롭게 쓰여진 모세오경의 말씀들이 많은 사람들에게 살아있는 말씀으로 영적 시원함을 줄 수 있기를 원합니다.

수가성 우물가의 사마리아 여인에게 "내가 주는 물을 마시는 자는 영원히 목마르지 아니하리니 내가 주는 물은 그 속에서 영생하도록 솟아나는 샘물이 되리라"는 요한복음 4장 14절의 말씀처럼 영생하는 샘물로 읽혀지고, 들려지고, 마시게 되기를 기대합니다.

이제는 읽는 자에게도 시조로 쓰신 성경 말씀이 예수그

리스도의 큰 은혜로 임하고 성령의 감동과, 하나님의 임재로 증거 될 수 있기를 소원합니다.

지금까지도 장로님과 함께 하시고 여기까지 인도해주신 주님께서 앞으로의 날들도 예비하신 복으로 채우셔서 하늘 문을 여시길 기도드립니다. 다시 한 번 귀한 하나님의 말씀을 성령의 감동하심 속에서 새로운 시조 성경으로 작품을 만들어주신 유장로님께 축하와 감사와 존경의 글을 드립니다.

시조에서 나오는
감흥의 말씀

대한예수교장로회(통합) 샘터교회 담임목사
정 진 회

　유화웅 장로님은 제가 섬기는 샘터교회의 원로장로님
이십니다. 교회에서 주일학교 교사와 장년부 성경공부 교
사로 33년간 인도하셨고, 성경을 수십 번 통독하셨습니
다. 국문학을 전공한 학자이며, 여러 권의 시집과 수필집
을 저술한 문학가입니다. 안산동산고등학교 교장을 역임
하였으며 은퇴한 이후에도 여러 학교로부터 교장으로 청
함을 받고 있는 존경받는 교육자입니다. 이번에 출간하는
'시조로 엮은 모세5경'은 장로님의 이런 신앙과 교육의 열
정이 담겨 있고, 문학적인 깊이가 녹아있는 역작입니다.

　모세5경은 기독교신앙의 출발이요, 근간이 되는 성경입
니다. 중요하지 않은 성경이 없지만 모세5경을 제외하고
기독교 신앙은 존재할 수가 없으니 정말 중요한 성경입니
다. 그런데 성경공부를 인도할 때나 성도들에게 성경말씀

을 읽으라고 권할 때면 사실 모세5경을 다 읽어보라고 말하기가 쉽지 않습니다. 난해하거나 지루한 부분이 많은데, 특히 제사와 율법에 관한 내용들은 비슷한 내용들이 반복되는 듯한 느낌마저 갖게 됨으로 읽어내기가 쉽지 않기 때문입니다. 그래서 때로는 처음 성경을 읽는 성도에게는 어떤 부분은 뛰어넘고 가라고 권하기도 합니다.

'어떻게 하면 쉽고 간결하게 모세5경을 읽어내도록 도와줄 수 있을까?' 목회자로서 오랫동안 가지고 있던 고민이었죠. 뾰족한 해답이 없어 답답함을 느끼던 중 유화웅 장로님으로부터 귀가 솔깃한 말씀을 들었습니다. 모세5경의 전 장의 내용을 시조로 담아냈다는 것입니다. 원고를 받아보니 감탄이 절로 났습니다. 그 어려운 내용들이 간략하고 명확하게 요약된 것은 물론, 운율이 있는 시조로 낭송하는 재미까지 있는 것 아닙니까! '바로 이것이다. 이것이야 말로 모세5경을 읽어내고 싶어 하는 성도들의 길라잡이가 될 수 있겠다' 싶었습니다.

모세5경을 읽다가 어려움을 겪는 이들이 먼저 이 책을 대할 수 있다면 성경을 읽어내는데 큰 도움이 될 것입니다. 이미 모세5경을 읽어 본 경험이 있는 성도들에게도 뭔

지 모르게 정리되지 않았던 성경의 내용을 일목요연하게
정리할 수 있는 기회가 될 것이며, 민족 고유의 시조에서
나오는 감흥으로 말씀을 맛보는 즐거움이 있을 것입니다.

　한국 교회 앞에 참으로 귀하고 유익한 책을 써주신 장
로님께 감사드리고, 이런 책을 추천할 수 있게 되어 참으
로 큰 기쁨입니다.

　　　　　　　　　　　　시조로 읽는 모세5경 4복음서

영적 변혁 일으킬
새로운 장르

영남신학대학교 총장, 목사
오 규 훈

———

    자기가 지도하는 사람들에게 신앙을 최우선으로 요구하면서 동시에 세상에서의 전문성을 놓치지 않도록 가르치는 지도력을 발휘하는 영적 지도자는 많지 않습니다. 유화웅 장로님은 청소년 교육 분야에서 바로 그 지도력을 탁월하게 발휘하신 분이십니다. 그런데 놀랍게도 이번에 장로님이 내놓으신 이 책에서도 그 지도력 측면을 엿볼 수 있는 것 같아 감탄을 하지 않을 수 없습니다.

    우리의 믿음은 성경말씀에 대한 믿음이다. 하지만 성경말씀의 문화적 배경은 한국인이 살아온 전통문화와는 동떨어진 유대문화입니다. 그래서 성경을 읽을 때 영적 은혜를 느끼면서도 뭔가 거리감이 느껴지는 것이 사실입니다.

    이 책은 복음서에 등장하는 유대 문화 속에서 일어난 2

천 년 전의 사건들을 한국 전통문화의 감성으로 읽고 시조의 운율에 실어 읊조림으로 그 거리감을 줄여준 책입니다.

토착화 신학의 한 작품이요 판소리 명창 박동진 선생이 성경을 판소리로 부른 것과 견줄 수 있어 보입니다.

이 책을 통해 예수님과 제자들의 삶이 우리 한국 기독교인의 영성 안으로 성큼 들어와 자리를 잡는 영적 변혁이 일어나기를 소망합니다.

시조로 재구성한
예수님의 생애와 복음

한국교육자 선교회 이사장, 한남대학교 전 총장, 박사
김 형 태

———

유화웅 장로님이 우리시대에 함께 계시다는 것은 큰 행운이라 생각합니다. 기독교계에 이토록 지혜롭게 헌신하는 신앙지도자가 계시다는 것, 교육계에 이렇게 모범적으로 제자들을 양육하는 교육지도자가 계시다는 것은 우리들의 자랑이자 행운입니다. "經師易求, 人師難得"(교과서를 가르치는 스승은 많지만 인간성을 지도하는 스승은 적다.)이란 말이 있기 때문입니다.

유화웅 장로님은 이미 「시조로 읽는 모세 5경」을 출판하셨고, 이번에 또 「시조로 읽는 4복음서」를 출판하게 되었습니다. 4복음서는 예수님의 지상사역 33년의 기록으로서 12제자들과 대화하며 친히 말씀하신 복음 설교 그리고 37번의 기적과 44개의 비유들이 들어있습니다.

우리는 중고등학교 시절 조선왕조 27대 왕들을 기억하려고 "태정태세 문단세, 예성연중 인명선…"하면서 우리 민족의 기본 음률인 4·3·4·3 혹은 "어머니 당신 몸은 진 자리 누우시고 아기는 받들어서 마른 데 누이시며 양쪽의 젖으로는 기갈을 채워주고 고운 옷소매로는 찬바람 가려 줬네"식의 3·4·3·4조의 시조 문형에 대입시켜 외웠습니다. 훨씬 재미있고 쉽게 외워졌거든요.

국문학을 전공한 유화웅 장로님이 우리 민족의 이 기본 음률을 활용하여 성경의 각 장별 대지를 정확하게 요약·정리해주고 계십니다.

서양 교육격언에 "내가 너에게 레몬을 주면 너는 나에게 주스를 내놓으라."는 말이 있습니다. 레몬을 주었는데 그 레몬을 도로 내놓으면 학습된 것이 아니란 뜻입니다. 성경을 이렇게 재구성하여 쉽고도 정확하게 일상생활에 적용하고 인격함양에 내재화시키도록 한 것은 정말로 창의적인 시도라 할 수 있습니다.

나는 자녀교육에 관해 "기억력이 왕성할 때, 성경의 핵심구절 300절만 암기하게 만들면 그것으로 자녀 교육을 끝내도 좋을 것"이라고 생각합니다.

왜냐하면 ① 예수님이 40일 금식하신 후, 사탄이 세 번 시험(test)했을 때 모두 신명기의 성경구절을 인용해 방어하여 대승리를 거두시는 모범을 보여주셨기 때문입니다.

오늘날도 중대한 결정을 내리거나 유혹과 갈등 앞에 섰을 때, 해답이 되는 성경요절을 줄줄 암송할 수 있다면 아무 것도 겁낼 것이 없을 것입니다.

② 세계가 존경하는 미국의 16대 대통령 에이브러햄 링컨은 9살 때 어머니를 여의었습니다. 그 때 어머니 낸시 여사가 어린 링컨의 손에 포켓용 성경을 쥐어주면서 "에이브러햄, 이 성경을 열심히 읽고 여기서 '하라'는 것은 하고 '하지 말라'는 것은 하지 마라."는 유언을 남겼습니다.

링컨이 이 유언을 평생 동안 지켰기에 그에게는 항상 하나님의 은총이 함께했고, 하나님이 인정하시니까 당연히 인간들에게도 존경을 받게 된 것입니다.

이처럼 성경 말씀은 때와 곳에 따라 흠모하는 사람들에게 이정표가 되고 용기와 위로와 지혜를 주는 가이던스 카운슬러가 되고 있는 것입니다.

다산 정약용은 500권의 저서와 2500수의 시를 썼는데 그가 쓴 시의 주제는 나라를 걱정하는 우국(憂國), 시대를 아파하는 상시(傷時), 타락에 대해 의분을 느끼는 분속(憤俗), 선함을 권면하고 악함을 징계하는 권징(勸懲) 및 아름다운 것을 아름답다하고 미운 것을 밉다고 하는 미자(美刺)로 요약되어 있습니다.

그는 "詩란 뜻을 말하는 것이다. 뜻이 본디 야비하고 더러우면 억지로 밝고 고상한 말을 한다 해도 논리가 성립되지 않는다. 뜻이 본디 편협하고 비루하면 억지로 달통한 말을 한다 해도 사정(事情)에 절실하지 않게 된다."고 했는데 유화웅 장로님이 전 세계 베스트셀러이며 스테디셀러인 성경의 높고 깊고 넓은 뜻을 그분의 특유의 전문적 지혜를 활용하여 아름답고 유익한 시조 형태로 재구성해준 것은 또 하나의 소중한 선물이 되었습니다. 깊이 감사를 드리며 부디 전국의 신앙가정마다 한 권씩 갖추어 온 가족들이 아침·저녁으로 읽으며 은혜의 깊이를 더해가기 바랍니다.

하나님의 은혜와
복을 나누어줄 찬양

한북대학교 전 총장, 현 Youth Keepers 이사장, 목사
김 병 철
───

　교육계의 원로이시며 일평생 주님의 몸 된 교회를 섬
겨 오신 유화웅 장로님께서 '시조로 읽는 모세5경'에 이어
'시조로 읽는 4복음서'를 출간하시게 된 것을 기쁘게 생각
합니다.

　온유와 겸손, 사랑, 지혜와 믿음과 탁월한 실력을 겸비
하신 장로님은 행함과 진실함으로 하나님과 이웃을 섬겨
오셨습니다. 특히 지금은 다 성장하였지만 탈북청소년을
4명이나 양자로 삼으시고 믿음으로 훌륭하게 기르신 것에
대해 고개 숙여 깊이 경의와 존경을 표합니다.

　유화웅 장로님께 청소년을 지키고 기르고자 하는 목적
으로 설립되는 Youth Keepers에 동참해 주십사고 부탁
드렸을 때 장로님은 흔쾌히 승낙하시고 Youth Keepers
의 튼튼한 토대를 쌓으시고 골격을 세우시는 큰일을 감당
하셨으며 신실하고 충성스럽게 Youth Keepers를 섬겨

추천의 글　　　　　　　　　　　　　　　　　　　　　　　27

오셨습니다. 장로님은 현재 국제적인 선교, 봉사 단체인 Good Partners의 이사장님으로 수고하고 계시는데 장로님의 믿음과 섬김의 리더십으로 Good Partners가 더욱 크게 하나님께 영광을 돌리는 아름다운 단체로 성장해 가리라 믿습니다.

시조는 핵심적인 내용을 일정한 운율과 절제된 단어와 형식으로 함축적으로 표현하는 문학의 장르입니다. 장로님의 깊은 기도와 묵상, 믿음이 어우러져 성경의 진리를 시조의 형식으로 축약하여 탄생된 '시조로 읽는 4복음서'를 통해 예수님의 복음의 진수를 깊이 체험하고 맛볼 뿐 아니라 우리의 삶에 적용함으로써 하나님께 큰 영광을 돌리며 많은 사람들에게 은혜와 복을 나누어주는데 귀하게 쓰이기 바랍니다. '시조로 읽는 4복음서'가 널리 다양한 형식으로 활용되어 하나님 나라의 확장에 아름답게 사용되기를 소망합니다.

본 서의 출판을 거듭 축하드리며 앞으로도 하나님 나라를 위해 크게 쓰임 받는 장로님과 온 가족이 되시기를 기도합니다.

사막의 인생길에
승리의 노래

대한예수교 장로회(통합) 은혜교회 담임목사
윤 광 식

몽골 선교중 고비사막을 지났던 기억이 새롭습니다. 고비는 나무 한 그루 없는 광야입니다. 그러나 자세히 보면 그곳에도 생명은 있습니다.

인생은 광야와 같습니다. 사막입니다. 오아시스가 필요합니다 성경말씀은 인생길에 만나는 오아시스입니다. 유화웅 장로님과 함께 고양외고를 섬기는 중에 장로님의 삶은 늘 성경책을 옆에 두고 읽으시며 겸손한 마음으로 성경적 삶을 고집하시는 모습을 보았습니다.

유화웅 장로님께서는 사막 가운데서 생수를 발견하신 분입니다. 하나님 말씀을 깊이 읽으시는 분입니다. 변함없이 주님을 만나시는 분입니다. 복음서를 우리언어와 소리인 시조로 깊은 울림을 전하십니다. 이 책을 읽으며 운율적 흥과 함께 말씀의 기쁨이 샘솟을 것입니다.

여러분들도 이 책을 읽으시며 생수 되신 예수님을 만나실 것입니다. 하나님 나라를 경험하시길 바랍니다. 그러면 다시 살아나고 일어서게 될 줄 압니다. 이런 은총이 있으시길 기도하는 마음으로 추천의 글을 대신합니다. 하나님께서 이 책을 읽으시는 분들께 찾아와 주시길 소원합니다.

하나님 나라가 가까워지고 있습니다. 이 책을 통해 하나님의 사람으로 온전케 하며 모든 선한 일을 행하기에 온전케 되는 능력 있는 하나님의 사람들이 되시길 기도합니다.

시조로 표현된 신약 4복음 안에서 자유하게 되며 날마다 승리의 노래가 가득하길 기도합니다.

목차

모세5경

창세기

—

創世記
Genesis

一. 창세기

■ 저자 : 모세 (Moses)
■ 주제 : 사람의 타락과 하나님의 구원계획
■ 기록연대 : B.C 1450 ~ 1400년경
■ 기록장소 : 시내산
■ 전체 장, 절수 : 50장 1,533절
■ 주요인물 : 아브라함, 이삭, 야곱, 요셉

■ 명칭

영어 명칭은 창세기인데, 이는 "기원" "생성(生成)"을 의미한다. (헬.'게네시스 코스무' "세상의 기원"에서 유래되었다.)

이 단어는 70인역의 내용을 근거로 하여 이 책에 처음 적용되었다가 나중에는 라틴역에도 사용하였다. 이 칭호는 "천지의 창조된 대략이 이러하니라"(창2:4)를 번역한 70인역에서 취했을 것이다. 히브리 정경에서 이 책은 맨처음에 나오는 '태초에'(히. '베레쉬트')라는 말을 제목으로 삼는다.
몇몇 유대 자료들 역시 이 책을 '창조의 책'으로 언급하고
있다.

■ 내용

주제에 따라 이 책은 두 부분으로 나누어진다. 흔히
1-11장은 초기의 역사로 알려져 있으며, 12-50장은 족장
들의 역사로 알려져 있다. 이 두 부분은 모세 오경에 기록
되어 있듯이 하나님의 백성들의 역사에 관해 그 서론을 기
록해 놓았다.

초기의 역사는 세상·인류·인간의 상태에 대한 기원을
설명한다. 여기에는 혼돈으로부터의 창조(1:1-2 ; 4 상반절),
창조와 인류의 타락, 에덴동산 이야기(2:4하반절-3:24), 가인
과 아벨의 갈등(4장), 대홍수 및 노아와 맺은 하나님의 언

약(6:5-9:17), 바벨탑 사건(11:1-9)이 포함되어 있다. 이 책
의 두 번째 부분은 세 이야기가 반복되어 주기적으로 나타
난다. 족장 아브라함에 대한 이야기와, 하나님께서 야곱을
부르신 것과, 요셉과 요셉의 약속의 땅과 후손에 대하여
집중적으로 이야기 한다.

아브라함에 대한 것은 (12:1-25:18) 하란에서 이주하라
는 하나님의 부르심, 사라와 바로와 아비멜렉과 아브라함
과 롯에 대한 이야기, 여종 하갈이 낳은 이스마엘, 아브라
함의 할례, 소돔과 고모라의 파괴, 이삭의 희생, 이삭과 리
브가의 결혼에 대한 이야기가 들어 있다. 야곱에 대한 것
(25:19-36:43)은 야곱과에서 사이의 경쟁, 그랄과 브엘세바
에서의 이삭의 체재(滯在), 벧엘에서의 야곱의 꿈, 야곱과
라반 이야기, 천사와 씨름한 야곱, 디나의 유혹이 들어 있

다. 마지막 부분은 요셉 이야기(37-50장)로서, 여기에는 요셉이 종으로 팔렸다가 애굽 궁정에서 높은 지위를 얻어, 가족과 화해한 이야기로 구성되어 있다. 여기에는 유다와 다말 이야기(38장), 야곱의 축복에 관한 이야기(49장)도 포함되어 있다.

一. 창세기

제1장
태초에 하나님이 천지를 창조하셔
빛과 어둠 하늘과 땅 해와 달 동식물,
엿새에 다 지으시고 좋았더라 하셨네.

제2장
하나님 에덴동산 생명나무 선악나무,
아담 하와 만드시고 두 사람을 한 몸 되게,
선악과 먹는 날에는 반드시 죽으리.

제3장
간교한 뱀 하와에게 선악과 따먹으라.
먹음직 보암직 탐스런 열매먹고,
아담도 그 열매 먹고 에덴에서 쫓겨나.

제4장
가인은 양치는 동생 아벨 쳐 죽이고,
아우의 핏 소리 하늘에 사무치나,
가인은 용서받았고 동생 셋(Seth)도 태어나.

제5장
아담의 후손들은 셋, 에노스, 게난, 마하랄헬,
야렛, 에녹, 므두셀라, 노아요.
노아는 십대손으로 셈, 함, 야벳 아들 봐.

제6장
사람들 죄악이 세상에 가득 차니,
하나님 한탄하사 매우 크게 노하시고,
노아는 방주지어서 그의 가족 구원해.

제7장
하나님 사십 주야 세상에 홍수심판,
노아의 여덟 식구 정결한 각종 금수,
방주에 다 들어가서 모두 살아남았네.

제8장
노아와 각종생물 생육하고 번성하라,
하나님 위하여 단 쌓고 번제드려,
그 향기 흠향*하시고 다시 심판 안하리.

※ 흠향(歆饗) : 하나님께서 제물을 받으심

제9장
세상에 무지개로 하나님이 언약하셔,
노아가 술 취하고 아비 하체 함이 보니,
가나안 저주를 받아 셈과 야벳 종으로

제10장
노아의 세 아들 셈과 함과 야벳은,
홍수 후에 아들들이 사방으로 흩어져,
열국의 백성이 되어 나뉘어서 살았네.

제11장
언어가 하나라, 바벨탑 높이 쌓아,
하늘 찌를 인간교만 하나님 보시고,
언어를 혼잡케 하여 흩으시네, 사방에.

제12장
복 받고 큰 민족 꿈 본토 친척 떠났으나,
애굽 왕 바로에게 사래를 누이라고,
아브람 거짓말하니 인간의 죄 본성.

제13장
아브람 벧엘에서 여호와를 부르고,
롯은 헤어져 소돔 땅에 자리 잡고,
하나님, 아브람에게 땅과 자손 축복해.

제14장
아브람 조카 롯을 단(Dan)에 가서 구해내고,
살렘 왕 멜기세덱 아브람을 축복하니,
아브람 십의 일조를 멜기세덱 주도다.

제15장
하나님 아브람에 네 몸에서 난자가,
하늘의 별과 같이 자손 번성하리니,
아브람 제물을 쪼개 하나님께 바치다.

제16장
아브람 여종 하갈, 이스마엘 생산하고,
사래는 하갈을 광야로 쫓아내니,
하나님, 불쌍히 보사 자손 번성 약속해.

제17장
아브람 구십구 세, 하나님이 명하시어,
열국의 아비 되라 이름을 아브라함,
팔 세 때 모든 남자들 할례하여 내 백성.

제18장
사라와 아브라함 웃음 속에 아들 약속,
아브라함 소돔위해 간절한 중보기도,
의인이 열 명만 있어도 멸망하지 않으리.

제19장

소돔과 고모라를 유황불로 멸하시고,

롯의 아내 소금 기둥 두 딸과 피난 길,

아비와 동침하여서 모압, 암몬 조상돼.

제20장

남방의 그랄지방, 아브라함 이주하여,

아비멜렉 만나자 두려움에 떨면서,

사라를 자기 누이라 또 다시 거짓말.

제21장

일백 세 아브라함, 사라는 구십 세,

하나님 언약대로 이삭을 선물로,

하갈은 이스마엘과 광야로 쫓겨나.

제22장

하나님 아브라함에 이삭을 번제하라.

사흘길 모리아 산, 이삭을, 제단위에.

제물은 여호와이레* 하나님이 준비해.

※여호와이레(Jehovah-Jireh) : 하나님께서 준비하심

제23장

사라가 백이십칠 세 헤브론서 숨 거두니,

아브라함 애통하며 좋은 명당 찾아서,

장례를 마므레 앞의 막벨라굴에 치르다.

제24장

이삭이 장성하여 배필을 구하려,

온갖 패물 준비하여 나홀성에 도착하여,

리브가 아내로 맞아 구세주의 족보에.

제25장
아브라함 백칠십오 세 막벨라에 장사되고,
리브가 쌍둥이, 에서와 야곱 낳고,
에서는 팥죽 한 그릇, 장자권을 야곱에.

제26장
이삭이 흉년피해 그랄지방 내려가서,
아비멜렉 왕에게 리브가를 누이라고,
그래도, 복을 받아서 브엘세바에 정착해.

제27장
이삭은 별미 좋아 에서의 사냥감을,
이삭은 야곱에게 장자권 축복하고,
야곱은 형 무서워서 라반 집으로 도망해.

제28장

야곱이 브엘세바에서 하란으로 가다가,

꿈속에서 하나님이 너와 함께 하리라.

만난 곳 하나님의 집, 베델이라 하더라.

제29장

레아는 르우벤, 시므온, 레위, 유다, 잇사갈, 스블론.

실바는 갓, 아셀. 빌하는 단, 납달리.

라헬은 요셉, 베냐민, 열두 지파 탄생해.

제30장

야곱이 라반과 품삯을 정하고,

야곱은 아롱지고 점 있는 양 염소 취하고,

외삼촌 라반은 되레, 약한 짐승 갖게 돼.

제31장
벧엘의 하나님이 라반집을 떠나라.
야곱은 가족과 아버지 이삭에게
라반도 어쩔 수 없어 축복하고 돌아가,

제32장
에서가 두려워서 예물부터 보내놓고,
야곱은 얍복 강에서 하나님과 밤새 씨름.
하나님 이기었다고 이스라엘 새 이름.

제33장
에서 만난 야곱은, 일곱 번 사죄하고,
에서는 용서하고 세일로 돌아가고,
숙곳에 제단 쌓고서 엘엘로헤* 이스라엘.

※ 엘엘로헤 : 하나님 곧 이스라엘의 하나님

시조로 읽는 모세5경 4복음서

34장
야곱의 딸 디나가 하몰에게 더럽혀,
하몰의 모든 남자 할례 받고 아파할 때,
야곱이 기습하여서 하몰, 세겜 죽이다.

제35장
하나님 말씀 듣고 베델에 제단 쌓고,
라헬은 베냐민 낳고 산고 후 죽음 맞고
이삭도 백팔십 세에 열조에게 돌아가.

제36장
에서는 에돔이라, 생육하고 번성하나,
못 받은 영적 축복 세일 산에 거주하며
에돔족 조상이 되어 부족 이뤄 살았네.

一. 창세기(創世記 Genesis)

제37장
열일곱 요셉은, 아버지 사랑받아,
형들이 미워하여 구덩이에 버렸다가,
미디안 상인들에게 은(銀) 이십에 팔았네.

제38장
유다의 아들 엘(Er)이 다말을 아내로
아들 엘 일찍 죽고, 자손이 끊어지자.
다말이 유다와 동침 베레스, 세라 쌍둥이.

제39장
팔려간 요셉은 보디발의 가정 총무,
주인 아내 동침거부 요셉이 모함 받아.
보디발 분개하여서 요셉을 감옥에.

제40장
옥(獄)에서, 왕의 술과 떡 굽는 자 함께해
요셉이 두 사람의 꿈 해석 하였는데
떡 굽는 관원은 죽고, 술 관원은 살리라

제41장
바로 왕 꿈 해몽 칠 년 풍년, 칠 년 흉년,
요셉은 서른 살에 애굽의 총리되고,
아스낫 부인에게서 므낫세와 에브라임.

제42장
가나안 흉년들어 곡식 사러 애굽으로,
요셉은 형제만나 정탐꾼이라 꾸짖고,
시므온 인질로 잡고 데려오라 베냐민.

제43장
형제들 다시 애굽, 아버지 안부 전하고,
요셉은 통곡하고, 베냐민 대면 후에,
형제들 나란히 앉혀 진수성찬 대접해.

제44장
베냐민 자루에 은잔을 감춰 넣고,
베냐민 종으로 삼고 형들은 가라 하니,
형제들, 야곱생각에 울며 애소(哀訴)하니라.

제45장
요셉이 통곡하며 자기 신분 밝히고,
하나님 우리 구하려 나를 먼저 애굽에
고센 땅 예비해 놓고 모셔오라, 아버지.

제46장
야곱이 애굽 갈새 브엘세바서 희생제사,
아들딸 손자손녀 칠십 명을 이끌고,
애굽 땅 고센에 정착, 목축생활 시작해.

제47장
야곱은 바로(Pharaoh) 축복, 라암셋 땅 하사 받고,
애굽 땅 기근심해 선정 베푼 총리 요셉.
야곱은 백사십칠 세, 나 죽거든 고향에.

제48장
야곱이 손 엇갈려 에브라임, 므낫세
요셉이 바로 잡자, 야곱은 그대로 축복하고
야곱이 조상 땅으로 떠나리라 예언해.

제49장
야곱은 이스라엘 열두 지파 축복하고,
내 죽으면 아브라함, 이삭. 잠든 막벨라 굴에,
열조와 함께 묻으라, 유언하고 숨 거둬.

제50장
야곱이 죽은 후에 칠십 일을 애곡하고,
요셉은 아버지 장사 후 형제들과 화해하고,
요셉도 유언 마치고 백십 세에 숨 거둬.

출애굽기

出埃及記
Exodus

二. 출애굽기

■ 저자 : 모세 (Moses)

■ 주제 : 유월절 어린양의 피로 인한 구원

■ 기록연대 : B.C 1450 ~ 1400년경

■ 기록장소 : 시내산

■ 전체 장, 절수 : 40장 1,213절

■ 주요인물 : 모세, 아론, 바로, 이드로, 브살렐, 오홀리압

■ 명칭

출애굽기의 히브리 명칭은 '웨엘레 쉐모트'("이것들이 그 이름들이다")이며, 일반적으로는 단축하여 '쉐모트'("이름들")라 부른다. 출애굽기란 말은 70인역의 '엑소도스'("탈출")란 제목에서 유래되었다. 70인역의 제목은, '하나님의 구원'이란 이 책의 주제(참조. 출 19:1)에 근거를 두었다.

■ 내용

이 책은 크게 두 부분으로 나눌 수 있다. 애굽 노예생활
로부터의 해방과 관련된 내용들은 전반부에 기록되어 있
는데 (1:1-19:2), 여기에는 출애굽하게 된 배경에서부터 시
내산까지의 여행에 관해 실려 있다. 그리고 후반부에는 시
내산에서의 언약 확립과 제사 의식의 제정에 관한 내용이
기록되어 있다(19:3-40:38).

요셉을 알지 못하는 새 왕 치하에서 고난당하는 이스
라엘 백성들의 모습이 이 책의 서두를 장식하고 있다(1:1-
22). 이어서 이스라엘을 해방시킬 모세가 등장하고, 그의
출생에서부터 하나님께 소명받기까지의 내용이 차례대로
열거되어 있다(2:1-4:31). 5장에서는 처음으로 바로 앞에
선 모세의 모습이 나타나 있다. 그 다음에는 아론과 애굽

二. 출애굽기(出埃及記 Exodus)

술객사이의 대결이 그려져 있으며(7:19), 곧 이어 강퍅한 바로와 애굽백성들 위에 여호와께서 내리신 열가지 재앙들이 나타나 있다(7:20-11:10;12:29-36). 그리고 유월절 제정(12:1-13), 무교병과(12:14-20) 초태생의 성별(13:1-16)에 관한 규례들이 제정된 후에, 이스라엘은 애굽 땅을 떠나게 되었다. 애굽을 떠난 이스라엘 백성들이 홍해의 이적을 체험한 후 하나님의 산, 시내산에 도착하였다는 내용이 전반부의 결론이다.

후반부는 시내산에 임재하신 하나님에 대한 묘사로 시작된다. 19-24장은 하나님께서 이스라엘과 맺으신 언약의 내용이 나타나 있다. 이어서 성막, 성막의 기구들, 제사장의 예복, 제사와 희생제물, 안식일의 준수 등에 관한 하나님의 지시가 기록되어 있다(25-31장). 32장에는 금송아

지를 섬김으로 인하여 언약을 파기하는 모습과 모세의 중
보 기보로 인한 언약의 갱신에 대한 내용이 기록되어 있
다. 끝으로 출애굽기는 성막의 완성과 봉헌, 그리고 계속
적인 인도하심에 대한 하나님의 약속으로 막을 내린다(35-
40장).

二. 출애굽기

제1장
요셉과 그 시대사람 모두 죽고 그 후손들
애굽의 새로운 왕, 이스라엘 백성 학대해.
태어난 남자 어린이 산파시켜 다 죽이라.

제2장
궁궐서 자란 모세, 애굽 사람 쳐 죽이고.
미디안 도망가서 그곳에서 사십년,
십보라 아내로 맞아 게르솜을 낳았네.

제3장
호렙은 하나님 산, 불붙는 떨기나무,
스스로 있는 나니, 모세야 내 말 듣고.
네 족속 인도 하여라. 가나안 복지 내 땅에.

제4장

하나님 모세에게 이적 능력 주시며,

입과 혀가 둔한 네게 말 잘하는 아론을,

아내와 아들 데리고 애굽으로 떠나라.

제5장

내 백성을 보내라. 모세, 아론, 바로에게.

바로가 짚도 없이 벽돌 만들라 학대하자

모세가 여호와에게 왜, 보내셨나 원망해.

제6장

하나님은 아브라함, 이삭, 야곱의 여호와라.

이스라엘 자손 신음 내가 기억하노니,

모세가 애굽왕에게 내보내라, 내 백성.

제7장
모세가 지팡이로 뱀 만들어 바로에게
바로의 현인들도 뱀 만들어 모세에게
모세가 나일 강 치자, 모든 물이 피가 돼.

제8장
하나님 둘째 재앙, 온 세상 개구리로,
셋째와 넷째 재앙, 이(蝨)와 파리 한가득,
그러나, 완악한 바로, 이스라엘 백성 안 놓아.

제9장
하나님 다섯째 재앙, 모든 가축 죽이고,
여섯째 재앙 악성종기, 일곱째 우박을,
그래도, 바로 마음은 갈수록 완악해.

제10장
하나님, 여덟째 재앙 메뚜기로 온 땅에,
아홉째 재앙 온천지에 흑암으로 뒤덮이나,
완악한 바로 말하길, 모세만 나를 떠나라.

제11장
하나님, 백성에게 은금 패물 구하라.
이제는 애굽 땅의 첫 태생 다 죽으리.
바로에 경고했으나, 바로 마음 더욱 완악.

제12장
어린 양 그 피로 인방과 문설주에,
칠 일간 무교병 먹고 유월절을 지키라.
밤중에, 바로 장자와 처음 난 것 치시다.

제13장
무교절 지킨 백성 애굽을 떠나면서,
요셉의 유골 메고 홍해의 광야 길로,
구름과 불기둥으로 인도하시네, 그 백성.

제14장
하나님, 모세에게 홍해로 가라하고,
바로는 병거 육백, 지휘관들 따라 올새,
모세가 손을 내밀매 홍해바다 갈라져.

제15장
모세는 애굽 군병, 홍해 수장 찬양하고,
미리암 소고치며 하나님 영광 높이고,
백성들 원망하거늘, 달게 했네 쓴 물을.

제16장

신 광야 이르러 고기 없다 원망하자,

만나와 메추라기 일용하게 하시고,

안식일 반드시 쉬며 사십 년간 먹이셔.

제17장

물 없다 다투자 반석 쳐서 물을 내고,

아말렉맞아 모세의 손 들어올린 아론과 훌,

모세는 여호수아 승리하자 여호와 닛시*.

※ 여호아 닛시 : 이스라엘이 르비딤에서 아말렉과 싸워 이긴 사실을 기념하
   여 모세가 단을 쌓고 붙인 이름. 여호와는 나의 깃발이란 뜻임

제18장
게르솜*, 엘리에셀 데리고 온 이드로,
아침부터 저녁까지 재판하는 모세보고,
역할을 분담하여라 천부장 백부장 등.
※ 게르솜과 엘리에셀은 모세의 아들이며 이드로의 외손자

제19장
시내 산 오른 모세, 하나님 말씀하길,
너희는 제사장 나라, 거룩한 백성되리.
백성들 오르지 마라, 거룩한 산 이곳에.

제20장
하나님 사랑하라. 제 일부터 제 사계명
사람을 사랑하라. 제 오부터 제 십계명
이 계명 모두 지키면 천대까지 은혜를.

제21장

육년간 종살이 후(後) 칠 년째는 자유인.

사람을 죽인 자는 반드시 죽이고.

가축이 사람 죽이면 그것도 죽이라.

제22장

남의 재물 피해주면 배상을 할 것이고,

과부, 고아 도와주고, 불륜·음행 하지마라.

바치라, 하나님에게 첫 아들, 첫 소생.

제23장

거짓말, 거짓 증인 하지도 말 것이며,

안식년, 안식일, 무교절, 맥추절, 수장절 지켜

하나님 섬겨 복 받고, 블레셋 가나안 땅 다 주마.

제24장
모세와 칠십 장로 시내 산에 올라가,
산 아래 열두 기둥 번제, 화목제 피 뿌리고,
모세는 하나님 영광속, 시내 산에 사십 일.

제25장
하나님 성소 지어 온갖 예물 드리고
조각목*, 증거궤, 증거판, 속죄소에,
진설병 올리는 상과 등잔대와 기구들.

※ 조각목(皂角木) : 광야에서 자생하는 아카시아 나무로 가볍고 견고하여
   잘 썩지 않는다.

제26장
증거궤 들여놓고 성소와 지성소로,
청색, 자색, 홍색실로 그룹 수놓은 성막, 휘장.
휘장의 북쪽 상 놓고 남쪽에는 등잔대.

제27장
조각목 네모 제단 모퉁이 위 구원의 뿔,
사방에 성막의 뜰, 세마포로 휘장 짓고,
아론과 레위 아들은 등불관리 조석(朝夕)에.

제28장
레위의 아들들 제사장 직분 제사장 옷,
가슴에 열두지파, 열두 보석, 판결흉패,
하나님 성결한 패는 청색 겉옷 에봇 위.

제29장
아론과 그 아들들 제사장 위임할 때,
의관정제 한 연후에 머리위에 관유 붓고,
어린양, 아침저녁에 하나님께 번제로.

제30장
조각목 정금으로 금테 두른 분향단,
놋물 두멍 만들고 거룩한 유향 몰약,
속죄 전 하나님 앞에 대속하라, 생명을.

제31장
브살렐, 유다자손, 단지파 오홀리압.
성령이 충만하여 회막 기구 만들고,
안식일 잘 지키어라, 모세에게 증거판.

제32장
부패한 백성들 금송아지 숭배하고,
모세가 증거판 던져 금송아지 가루로,
누구든 범죄하면 생명책에서 지우리.

시조로 읽는 모세5경 4복음서

제33장

시내 산 떠나면 가나안 땅 이르리라.

내가 너를 쉬게 하니, 네 이름을 앎이라.

하나님 크신 영광이 반석 위를 지나셔.

제34장

인자한 하나님 돌판 두 개 다시 준비,

시내 산 모세는 사십 주야(晝夜) 금식하고,

십계명 다시 받고서 광채 띠고 백성에.

제35장

엿새간 일하고, 일곱째 날 거룩한 날.

감동으로 예물바쳐, 브살렐과 오홀리압은

수놓고 천 짜는 일과 금은 세공 각종조각.

제36장
자원해 드린 예물 차고도 넘쳐나,
휘장으로 성막 짓고 조각목으로 널빤지,
장막문 휘장만들고 놋 받침에 기둥 다섯.

제37장
속죄소 순금으로, 조각목 순금테 상
언약궤는 브살렐이 조각목과 금으로
금기구, 순금 등잔대, 금테 두른 분향단.

제38장
조각목 번제단, 놋으로 물두멍.
성막의 울타리는 남, 북 뜰 백 규빗씩,
동서 뜰 오십 규빗에 짓고도 남은 물자.

시조로 읽는 모세5경 4복음서

제39장
제사장 옷 만들새 청색, 자색, 홍색실.
에봇에 흉패 달고 열 두 보석 열 두 지파.
청색의 겉옷과 속옷, 빛난 관은 세마포.

제40장
둘째 해 첫째 달 초하루 성막, 봉헌,
성막에 모든 성물, 들여놓고 영광가득,
구름과 불기둥으로 길 밝히네, 온 백성.

레위기

—

Leviticus

三. 레위기

___

■ 저자 : 모세 (Moses)
■ 주제 : 하나님의 거룩함과 이스라엘의 성결
■ 기록연대 : B.C 1450 ~ 1400년경
■ 기록장소 : 시내산
■ 전체 장, 절수 : 27장 859절
■ 주요인물 : 모세, 아론, 아론의 네 아들

■ 명칭
　히브리 성경에서는 이 책의 명칭을 그 첫 단어인 '와이
크라'("그리고 그분이 부르셨다", 레1:1)라고 붙였다. 그런데 70인
역은 이 책을 「류이티콘」("레위인들에 관한 것")이라고 불렀다.
그 후 라틴어 역본인 불가타 영어 성경, 한글 개역 성경 등
이 '레위기'라고 부르게 되었다. 랍비들은 이 책을 '제사장
들의 지침서'(히. '토라트 코하님')이라고 불렀다.

■ 내용

레위기는 본래 제사장들이 있으며 또한 나라 전체가 '제
사장 나라'인 이스라엘의 여러 가지 예배에 대한 규례들을
논리적이면서도 주제별로 정리하여 모아 놓은 책이다.

처음 일곱 장은 제사에 관한 규례들로 구성되어 있다.
먼저 1:1-6:7까지는 일반 백성들을 위한 규례들이 나타나
있는데, 번제(1장), 소제(2장), 화목제(3장), 속죄제(4:1-5:13),
속건제(5:14-6:7)에 관한 지시들이 차례대로 배열되어 있
다. 그리고 6:8-7:36에는 제사를 주관하는 제사장들을 위
한 특별 지시와 제사장들의 몫에 대하여 기록되어 있다.
(→ 희생과 예물)

8-10장은 제사장 직분의 발단에 대해 설명하고 있다.

8장에서 아론과 그의 아들들은 출29장에 나타난 절차대로 제사장에 임명되었다. 9장에는 아론에 의해서 수행된 첫 번째 제사 직무가 묘사되어 있다. 그리고 10장은 '부정한 불'을 사용하여 제사를 드린 나답과 아비후에 대한 하나님의 징벌과(1-7절), 제사장들이 금해야 될 규례들이(8-20) 기록되어 있다.

각 개인의 성결에 관한 율례들은 11-15장에 설명되어 있다. 16장은 속죄 일에 대한 규례가 개요적으로 나타나 있다. 레위기의 나머지 부분에는 거룩한 백성 이스라엘이 실제 생활을 어떻게 해야 할 것인지를 가르치는 규례들이 기록되어 있다. 그래서 특별히 17-26장을 '성결 법전'이라고 부른다. 레 17장에는 희생 제물을 잡는 규례와 피를 먹지 말라는 규례가 나타나 있다. 거룩한 백성이 반드시 지켜야 할 성적인 순결에 대한 규례는 18장에 기록되어 있다.

19장에는 다양한 윤리적, 의식적인 규례들(예. 환대, 이웃 사랑, 천연 자원의 보호, 이방 풍습에 대한 금지 등)이 제시되어 있다. 20장에는 언약 공동체의 단결을 해치는 여러 가지 죄악에 대한 형벌 규정이 나타나 있다. 제사장 직분의 성결을 보존하기 위한 금지 규례들은 21장에 기록되어 있으며, 이어서 제물을 먹을 때 지켜야 될 도리 규례와(22장) 종료적인 절기에 대한 규례가(23장) 기록되어 있다.

24장에는 성막 관리에 대한 규례(순금 등잔과 진설병, 1-9절), 신성 모독과 다른 죄악들에 대한 형벌(10-23절)이 나타나 있다. 25장에는 안식년과 (1-7절) 희년(8-24절)에 대한 규례가 자세하게 설명되어 있다. '성결 법전'은 순종에 대한 축복과 불순종에 대한 징벌로 그 결론을 맺고 있다(26장). 레

위기의 마지막장은 서원(27:1-29)과 십일조(30-33절)에 관하
여 기록하고 있다.

시조로 읽는 모세5경 4복음서

三. 레위기

제1장
번제를 드릴 때는 흠 없는 가축들로,
아론자손 제사장들 피 뿌리고 화제로,
향기를 드릴지니라. 산비둘기 집비둘기.

제2장
처음 난 곡식제물, 고운 가루 예물삼아,
기름 붓고 유향 놓고 소금 섞어 화제로,
향기론 제물 드려서 하나님께 감사해.

제3장
화목제 드릴 때는 우양(牛羊) 머리 안수하고,
제단 사방 피 뿌리고 화제로 드린 후에,
기름과 피 먹지 말라, 규례니라 영원한.

제4장
불순종 제사장, 회중은 수송아지,
족장은 숫염소, 평민은 암염소,
사함을 받으리로다. 어린 암양 바치면.

제5장
거짓말, 부정한 몸, 속죄제 드리고,
하나님 성물 훼손, 이웃에게 폐 끼치면,
흠없는 숫양 잡아서 드릴지라, 속건제.

제6장
제사장 번제할 때, 제단 불 안 꺼지게,
소제는 기름 반죽, 철판에 구워 향기롭게
속죄제 제물 나누면 거룩하게 되리라.

제7장
속건제 드릴 때는 제물을 화제로.
화목제 드릴 때는 무교병 고기 제물 감사하고,
화목제 드린 고기는 제사장의 소득물.

제8장
아론과 그 아들들 가슴에 우림, 둠밈,
제사장 위임식, 제단에 제물 드리고
관유와 피 옷에 뿌려, 회막문에 칠 일간.

제9장
모세의 명령대로 아론은 제물 잡아,
속죄제 자기위해 화목제 ,백성위해
아론이 손들어 축복, 부복*하는 백성들.

※ 부복(俯伏) : 고개를 숙이고 엎드림

제10장
아론의 두 아들 나답과 아비후,
제사법 어겨서 하나님 앞 즉사하고,
회막의 규례 지키고 거룩한 곳에서 먹으라.

제11장
너희 몸 구별하여 더럽히지 말아라,
부정한 짐승 먹지 말고 깨끗한 짐승 먹을지니,
하나님 거룩하시니 거룩하라, 너희도.

제12장
아들을 낳으면 팔일 째 할례하고,
아들, 딸 정결례 기한을 지나면,
속죄제 드릴 때에는 어린양과 비둘기.

제13장
나병과 피부병 온 몸에 종기나면,
제사장에 진찰하고 부정함을 고백하고,
곰팡이, 의복·가죽에 나면 불사를 지니라.

제14장
나병에 정결규례, 새 두 마리 대속 자유,
백향목, 홍색실, 우슬초에 새의 피 찍어내고,
곰팡이 집에 생기면 이레 폐쇄, 법대로.

제15장
누구든 그 몸에 유출병이 있으면,
그의 몸 손 댄 자리 모두 다 부정하니,
옷 빨고 몸을 씻어서 성막도 깨끗케.

시조로 읽는 모세5경 4복음서

제16장
일 년에 한 번씩 온 백성을 위하여,
몸 씻고 의관정제 성소의 속죄소에,
모든 죄 용서받으라 속죄제를 드려서.

제17장
진영서 잡은 짐승, 성막에서 예물 드려,
제사장은 피 뿌리고 기름 태워 향기롭게,
육체의 생명이니라, 피는 먹지 말아라.

제18장
이스라엘 백성들 애굽 풍속 버리고,
근친상간, 불륜행위, 수간*행위, 동성행위,
가증한 풍속 따라서 몸 더럽게 말아라.

※ 수간(獸姦) : 짐승과 성행위를 하는 일

제19장
안식일 성수하고, 부모공경, 이웃사랑,
재판은 공정하고, 형제 동포 사랑하고,
몸에는 문신하지 말고, 사랑하라 거류민.

제20장
몰렉에 자식주면 반드시 죽이고,
근친음행 없애고, 수간행위 다 죽이고,
반드시 죽일지니라. 남녀 접신 박수무당

제21장
백성의 어른이라, 흠이 없는 제사장
관유로 부음 받고 예복으로 단장하고,
처녀를 데리고 와서, 삼은자라, 아내로.

제22장
제사장 자손들 몸에 흠이 없어야 하고,
성물은 제사장, 일반인은 못 먹으며,
감사히 드릴지니라. 하나님께 예물을.

제23장
유월절, 일월 십사일 무교절은 일주일 간
속죄일, 칠월 십일. 초막절, 십오일부터 한 주간
초실절 첫 소산 봉헌, 나팔절 칠월 일일

제24장
진설병 열두 개는 두 줄로 상위에,
법궤 휘장 밖, 저녁부터 아침까지 등잔불 밝히고,
하나님 모독한 자와 가해자도 벌하라.

제25장
육 년간 농사진 땅, 칠 년째는 안식년.
오십 년째 희년이라, 칠월 십일 나팔 불면,
품꾼은 해방시키고, 가난한 자 도우라.

제26장
계명을 준행하면 너희를 번성창대.
계명에 불순종은 칠배 징벌 받으리니.
하나님 약속하신다, 계명규례 지켜라.

제27장
하나님 원하신 것 성별하여 드리고,
처음 난 것, 하나님 것, 바친 것 거룩한 것,
십일조 하나님의 것 무르지 못한다.

민수기

民數記
Numbers

④. 민수기

■ 저자 : 모세 (Moses)

■ 주제 : 이스라엘의 광야생활과 하나님의 인도

■ 기록연대 : B.C 1450 ~ 1400년경

■ 기록장소 : 시내산 광야

■ 전체 장, 절수 : 36장 1,228절

■ 주요인물 : 모세, 아론, 아론의 네 아들

■ 명칭

  민수기'라는 명칭은 70인역(헬. '아리드모이')에서 유래하였으며, 불가타(라. '누메로이')도 이를 따르고 있다. 이 책에 여러 히브리어 명칭들이 사용되고 있기는 하지만(예. '와예답베르' "그리고[여호와께서] 말씀하셨다." 마쏘라 사본에서 이 책의 첫 단어임) 오늘날 인쇄되어 나오는 히브리어 성경에서의 명칭은 '베미드바르'("광야에서")이다.

■ 내용

모든 면에서 민수기는 보다 큰 문화적 역사적 단락의 일부이다. 민수기는 문헌으로는 오경 전체의 맥락에서, 역사적 자료로는 이스라엘 초기 역사의 맥락에서 해석되어야 한다. 실제로 이 책의 진정한 가치는 이러한 맥락으로부터 나오는 것이며, 때문에 하나의 독립된 문서로 해석하고자 하는 시도는 결코 없었다.

민수기는 주요한 두 단락으로 구분될 수 있다.

첫 번째 단락인 민1:1-10:10은 소위 「시내(언약)발췌집」 (Sinai pericope; 출19:1-민10:10)의 마지막 부분을 구성하고 있다. 이것은 운반할 수 있는 성막으로 구체적으로 묘사되어 있는 (민9:15-23) 중앙 성소의 완성을 전제로 하고 있다(출 35-40장;참조. 레1:1;민1:1). 이 단락은 가나안 땅을 향해 행진

하려는 임박한 출발을 고려해, 중앙 성소를 위시한 이스라엘 진영의 최종 편성을 진술하고 있다. 이 단락은 1-4장에서 비 레위지파(1-2장)와 레위 지파(3-4장)의 조직을 시작으로 여러 가지 거룩한 규례들(5:1-6:27;7:89-9:14)과 제단 봉헌을 위한 예물들(7:1-88)을 서술하고, 임박한 행진과 관련한 하나님의 두 가지 지시 부분으로 끝을 맺고 있다(9:15-10:10).

두 번째 단락인 10:11-36:13은 출1-18장에서 시작된 이스라엘 자손의 행진 과정을 다시 계속하고 있다. 거룩한 공동체는 시내 산을 출발하여 중용한 세 체류 지점, 곧 하세롯(10:11-12:15)과 바란(12:16-19:22)과 가데스(20:1-21:4)에서 머문 후에 마침내 모압 평지에 이르게 된다.(22-36장). 모압은 민수기에 기록된 마지막 체류 지점이며, 모세의 마지막 증거를 기록한 책인 신명기의 배경을 제공하고 있다. 하지만 이 단락은 공동체의 행진 과정을 서술하고 있을 뿐만 아니라, 또한 하나님께서 명하신 갖가지 규례들 (15, 18-19, 27-30,35-36장)과 행진 과정에서 생긴 여러 전승들(예. 13-14,16장)도 기록하고 있다. 민수기는 이와 같이 이야기와 율법 및 전승 들을 모두 포함하고 있다. 그러나 이들 사이의 상호 관계에 대한 해석은 여전히 불확실하게 남아 있다.

四. 민수기

제1장
출애굽 이년 이월 일일에 인구 조사,
이십 세 이상 남자 육십만 삼천오백오십 명,
레위인 성막을 관리, 금하여라 외인들.

제2장
사방의 모든 진영 행진할 땐 군기 들고,
성막 주위 지파별로 깃발 중심 진을 치고,
레위는 성막 지키고 계수하지 말아라.

제3장
아론의 아들들 제사장 임명되고,
이스라엘 모든 장남 레위인이 대신하고,
레위인 내 것이니라. 나는 너희 하나님.

제4장
레위인 서른 살서 쉰 살까지 인구조사,
고핫, 게르손, 므라리의 모든 자손,
회막일 맡을지니라. 팔천오백팔십 명.

제5장
부정한 사람들은 진영밖에 내보내고,
아내 순결 의심되면, 제사장에 데리고 가,
맹세는 하나님에게, 죄의 유무 확인해.

제6장
나실인 모든 것 삼가 거룩하게 지내고,
제사장 백성에게 복 주시고, 지키시고,
은혜를 베푸시고서 평강의 주라 할지라.

제7장
열두 지파 지도자들 하나님께 예물 드려,
성막에 은쟁반, 은대접, 금접시, 번제물
소제물, 화목제물로 각종짐승 드리라.

제8장
금으로 꽃모양, 일곱 등잔 성소에 불,
정결케 한 레위인 하나님께 바치고,
성막에 스물다섯부터, 은퇴하라, 오십에.

제9장
이스라엘 백성들 매년 일월 십사일에,
유월절 지키고, 못 지킨 자 이월 십사일에,
성막에 구름 뜨면 행진, 머물면 멈추라.

제10장

두 개의 은나팔로 백성들 소집하고,

출애굽 일 년 이월 이십일에 시내 광야서 바란까지,

시내 산 떠나 삼일간 법궤 앞세워 행진해.

제11장

백성들 원망소리 하나님 들으시고,

만나와 메추라기 그들에게 보내시고,

장로들 칠십인 뽑아 지도자로 삼으셔.

제12장

겸손한 종 모세가 구스 여자와 혼인하니,

아론과 미리암이 모세를 비방하고,

하나님 진노하시어 미리암에 나병을.

제13장
가나안 정탐하러 열두 대표 보내니,
사십 일간 탐지하고 돌아와 보고하여,
그들은 기름진 땅에, 우리는 메뚜기.

제14장
갈렙과 여호수아, 그 땅 사람 우리의 밥.
백성들 원망하다 재앙으로 모두 죽고
탐지한 사십일이 사십년 되어 가나안에.

제15장
약속의 땅 들어가 화제, 번제 드리고,
안식일 일을 하면 돌로 쳐 죽이고,
옷단에 수술을 달아 모든 계명 기억해.

시조로 읽는 모세5경 4복음서

제16장
고라와 다단과 아비람이 반역하자,
하나님 노하셔서 생 매장 시키시고,
원망한 만 사천칠백 염병으로 죽었네.

제17장
성막 안 법궤 앞에 열두 지파 지팡이를,
아론의 지팡이엔 꽃이 피고 살구 열매,
다시는 원망하다가 없이하라 죽는 일.

제18장
제사장과 레위인, 죄의 책임 성소의 일,
하나님께 바친 예물 레위인의 것이고,
십일조 바친 예물은 레위인의 몫이라.

제19장
흠없는 암 송아지 불태워서 재 만들어,
이스라엘 백성들 죄 씻는데 사용하고,
시체를 만진 자들은 이레 동안 부정해.

제20장
가데스 므리바 바위 쳐서 물을 내고,
그 일로 모세는 약속의 땅 못가고,
아론은 호르산에서 조상에게 돌아가.

제21장
아랏을 섬멸터니, 독사 물려 놋뱀 치료
호르산서 모압까지 아모리 왕 시혼과
바산왕 옥을 치고서 가나안 길을 내.

시조로 읽는 모세5경 4복음서

제22장

모압왕 발락이 점쟁이 발람 초청하니,

발람의 나귀가 천사보고 엎드리고,

발람은 천사 말 듣고 발락에게 가도다.

제23장

발람은 예언하길 이스라엘은 땅의 티끌,

하나님 사람이 아니시니 후회하지 않으신다.

백성이 사자와 같이 삼키리라, 먹이를.

제24장

발람의 셋째예언 야곱자손 크게 번성,

넷째예언 한 왕이 나와 모압 백성 칠 것이며,

아말렉, 겐 족속들은 멸망하리, 모두들.

제25장
이스라엘 사람들 모압 여자 음행하고,
바알 섬겨 전염병, 죽은 자 이만 사천,
너희는 미디안사람 취급하라, 원수로.

제26장
이스라엘 백성들 두 번째 인구조사,
육십만 천칠백삼십, 레위인은 포함 안 돼,
갈렙과 여호수아 외에 일차 때 장정 다 죽어.

제27장
딸들에 유산 주라, 아들없는 부모는
모세는 아론따라 비스가에서 마지막을,
모세는 후계자 여호수아 지도자로 안수해.

제28장

불 태워 화제로 매일 제사 드리고,

월삭과 안식일과 무교절과 칠칠절,

제물은 흠없는 짐승 처음 익은 곡식으로.

제29장

나팔절 칠월 일일, 속죄일 칠월 십일,

장막절 칠월 보름, 팔 일간 제사 드려,

낙헌제, 서원제 외에 번제, 소제, 전제, 화목제.

제30장

서약과 맹세는 하나님께로 왔으니,

남편과 아내와 아버지와 어린 딸,

반드시 지킬지니라. 모든 서원 책임져.

제31장
미디안 다섯 왕과 발람도 죽이고,
전승 군사 전리품 정결케 모두 하고,
전리품, 성막에 넣어 하나님께 기념물.

제32장
르우벤 자손, 갓 자손 요단 동쪽 땅 요구,
모세와 엘르아살 조건부로 땅 분배,
므낫세, 아모리 정복 길르앗 땅 주니라.

제33장
유월절 다음날 일월 십오일에,
애굽의 라암셋 떠나 사십 년간 광야생활,
드디어, 가나안 땅을 인구수로 땅 분배.

제34장
가나안 동서남북 경계를 잡은 후에,
르우벤, 갓, 므낫세 이미 분배 받은 지라.
나머지 지파 대표모아 제비로 땅 분배.

제35장
레위인 사십팔 성(城) 땅 크기에 분배하고,
도피성 여섯은 요단 동서 세 개씩,
하나님 머무시는 땅 더럽히지 말아라.

제36장
딸들에 분배된 땅 시집가면 뉘 것인가,
같은 지파 혼인하면 같은 지파 재산 되니,
그래서, 슬로보핫 딸 사촌들과 혼인해.

신명기

申命記
Deuternomy

五. 신명기

- 저자 : 모세 (Moses)
- 주제 : 언약의 되새김과 순종에 따른 축복
- 기록연대 : B.C 1410 ~ 1395년경
- 기록장소 : 요단강 근처 광야
- 전체 장, 절수 : 34장 959절
- 주요인물 : 모세, 여호수아

명칭

신명기(Deuteronomy)라는 제목은 헬라어로 '듀테로 노미온'(두 번째 율법)이라는 70인역의 제목에서 따 온 것이다. 이것은 다시 신17:18의 "이 율법서를 등사하여"(히.'미쉬네 하토라 하조트'"이 율법의 복사")라는 말에서 유래하였다. 이 책은 그 앞의 4권의 책 속에 기록된 것과 구별되는 율법을 제시하지 않는다. 오히려 이 책은, 모압땅에서 이스라엘과 하

나님 사이의 언약이 재확인되고 있는 문맥에서 볼 때(신
29:1), 시내산(호렙 산) 언약의 확장, 혹은 재해석이라고 말할
수 있다. 따라서 이것은 처음 율법의 반복이다. 이 책의 첫
번째 단어에서 따온 '엘레 하데바림'("이는 …말씀이니라")이
라는 히브리어 제목은 고대 근동지역의 전형적인 계약문
서 형식의 첫 부분을 반영하고 있다.

■ 내용

모세의 만년에 대한 설명 속에는 모세가 쓴 3편의 설교
가 포함되어 있다. 이것은 광야에서의 방황의 마지막 단계
에 접어든 이스라엘 백성들을 향한 선포였다. 간단한 서론
에 이은 첫 번째 부분은 약속의 땅을 정복하라는 호렙산(시
내산)위에서의 하나님의 명령에서 시작하여, 헤스본과 바산
의 정복, 그리고 요단강 동편의 분할에 이르기까지 광야에

서의 백성들의 역사를 회상하고 있다(1:6-3:29). 이 설교는
하나님의 율법에 순종할 것을 강조하고 있고, 특별히 우상
숭배를 금지하는 내용으로 결론을 내리고 있다(4:1-40). 이
어서 모세가 요단 강 건너편에 도피성을 지정하는 것이 두
번째로 설명되어 있다(41-43절). 이 설교는 이스라엘 언약의
기초가 되는 십계명에 대한 재선언과 설명(5:1-11:32), 그리
고 특별한 규례의 선포(12:1-26:15)로 구성되어 있다.

이 두 번째 설교는 율법을 준수할 것에 대한 선언으로
결론짓고 있다(16-19절). 이어서 모압 평야에서 율법을 새롭
게 선포하는 의식에 대해서도 설명하고 있다(27:1-29:1). 모
세의 세 번째 설교(29:2-30:20)는 율법을 신실히 준수할 것
에 대한 명령으로 구성되어 있다. 나머지 부분은 '백성에
대한 모세의 마지막 명령'과 '여호수아의 후계자 선정'(31

장), '모세의 노래'(32:1-43), 그리고 '모세의 죽음과 장사'에
대한 설명(34장)등 모세 생애의 마지막 부분에 대하여 기록
하고 있다.

五. 신명기

제1장
사십년 십일월 일일 시내 산 떠나라,
지도자 세우고서 가나안 땅 들어가라,
거역한 모든 백성들 광야에서 다 죽어.

제2장
가데스 바네아를 떠난 지 삼십팔 년,
가는 길 험한데도 시혼 왕과 싸워 이겨,
암몬 땅 얍복 강변은 하지마라, 가까이.

제3장
바산 왕 옥의 땅을 정복하게 하시고,
르우벤, 갓, 므낫세 반(牛)에게, 요단 동쪽
모세는 가나안 보되 못 건너리, 요단강.

제4장
하나님 명령 잘 지켜라, 모세가 설교해,
우상을 숭배하여 죄 짓는 일 없이하고,
도피성 요단 동쪽에 지을 지니, 세 곳에.

제5장
애굽 땅 종살이 구해 낸 하나님,
마음과 뜻 다해 십계명 잘 지켜서,
후손들 복을 받고서 길이 살라, 그 땅에.

제6장
하나님 사랑하라, 마음정성 힘 다해
언제나 어디서나 부지런히 가르치면,
하나님 주신 땅에서 번성하고 복 받아.

제7장
가나안 일곱 족속 모조리 죽이고,
내 백성 사랑하사 천대까지 복 주시니,
우상을 멀리하여라. 사랑하면 저주를.

제8장
빵만이 아니고 말씀으로 사나니,
교만한 백성들 종살이 때 잊지 말고,
다른 신 좇아 살며는 망하리라, 반드시.

제9장
목 곧은 백성들아 금송아지 잊지 말고,
사십 주야 두 번씩 엎드려 기도하여,
십계명 바로 지키면 약속의 땅, 너희게.

제10장
십계명 다시 주셔, 조각목궤 넣었고,
마음과 정성 다해 하나님 섬기고,
하나님 택한 백성들 저 하늘의 별같이.

제11장
하나님 사랑하면 모든 것 풍족하나,
다른 신 섬기면 저주를 내릴지니,
축복은 그리심 산에서, 저주는 에발 산.

제12장
약속의 땅 예배처엔 번제, 거제, 십일조,
서원제, 낙헌제물, 처음 난 것 드리고,
다른 신 섬길 때에는 걸리리라, 올무에.

제13장
예언자 거짓 선지 이적 기사 베풀면,
용서 없이 죽이고 그들 물건 손 안대면,
하나님 백성들에게 번성 약속 하리라.

제14장
하나님 택한 백성 부정한 것 먹지 말고,
가축의 첫 태생 농산물의 십일조,
하나님 경외 잘하고 레위인 잘 섬겨라.

제15장
받을 빚 면제하라 칠 년마다 연말에는
육 년 동안 종살이 칠 년째는 자유인,
가축의 첫 새끼나면 하나님께 드려라.

제16장
유월절 지켜서 출애굽을 기억하고,
칠칠절, 초막절엔 소외된 자 함께하고,
뇌물을 받지 말고서 재판하라 공의로 .

제17장
다른 신 섬기면 돌로 쳐서 죽이고,
송사 때 재판은 공정하게 판결하고,
왕들은 수신제가 후 율법준수 겸손히.

제18장
무(無)재산 레위인은 제물로 먹고 살고,
미신을 믿지 말고 흠없이 살아가며,
선지자 보낼지니라. 잘 들어라, 그들 말.

제19장
도피성 마련하여 죄 없는 자 살리고,
거짓증인 동정 말고 눈엔 눈 이에는 이.
증인은 두 세 사람을, 판결할 땐 공정히,

제20장
적의 수(數) 많다고 두려워 말 것이며,
가나안 사람들은 모두 죽여 버리리라,
하나님 내 백성위해 승리를 주시리.

제21장
살인자 모르면 송아지 목 꺾어 결백호소,
여자포로 한 달 애곡 후 아내로 삼을지라.
패역한 아들 있으면 돌로 쳐서 죽이라.

제22장

형제애(兄弟愛) 남녀유별 동식물 애호하고,
아내는 순결하고 간음한 자 쳐 죽이고,
남녀는 몸과 마음을 모두 정결 할지라.

제23장

진영은 정결하고, 더러운 돈 봉헌 못해,
성불구, 사생자, 암몬 모압인 총회 참석 말고,
하나님께 맹세한 것은 반드시 지켜라.

제24장

이혼, 징집, 담보, 유괴, 나병 규정 바로 지켜,
아버지와 자식 죄는 각각 달리 치리하고,
나그네 소외된 자는 사랑, 공의 실천해.

제25장
손(孫)없는 형의 아내, 동생들이 대를 잇고,
저울과 되는 그릇 공정하게 사용하고
원수를 잊어버려라 가나안서 살 때에.

제26장
가나안 첫 열매 십일조로 드리고,
레위인 고아, 과부, 타국인도 먹이고,
법도를 지킨 백성들 보배롭게 되리라.

제27장
가나안 들어가서 에발 산에 돌 세워서,
율법을 기록하고 화목제를 드리고,
축복은 그리심 산, 저주는 에발 산.

시조로 읽는 모세5경 4복음서

제28장
하나님 말씀 행하면 온 세계에 뛰어나고,
하나님께 순종하면 일마다 복을 받고,
일마다 저주 받으리, 하나님께 불순종.

제29장
새 계약 모압에서, 현재 백성 후손들에,
출애굽 때 이적, 기사 하나님만 섬기고,
완악한 우상숭배 시 있을지라, 저주가.

제30장
불순종 회개하면 축복이 임할지니,
내 말씀 네 입과 네 마음에 있으니,
말씀에 청종 의지해 맹세한 땅 살리라.

제31장
모세 나이 백이십 세, 여호수아 후계자로,
강하고 담대하라, 두려말고 떨지 마라,
백성들 불순종하고 부패하리, 먼 훗날.

제32장
모세가 노래지어 백성에게 이르기를,
하나님 말씀 순종하고 배반하지 말지라.
모세는 느보 산 올라 약속의 땅 바라봐.

제33장
모세가 죽기 전에 백성에 축복하되,
열두 지파 지도자들 한자리에 모아놓고,
하나님, 백성들 사랑 이스라엘 왕이라.

제34장
출애굽 큰 과업 권능과 위엄으로,
백이십 세 모세 죽자, 삼십 일간 애곡하고,
후계자 여호수아는 안수 받고 지혜 충만.

부록

부록. **모세이야기**

───

■ **모세**(영: Moses; 히: '모쉐'; "건져냄, 태어남")

이스라엘 자손을 애굽의 노예 상태로부터 구출해내어
독립된 한 민족을 형성하게 하고, 그들이 가나안 땅에 들
어갈 수 있도록 준비시킨 이스라엘의 민족 영웅이다. 모세
의 생애와 관련된 정확한 연대는 출애굽 연대를 어떻게 잡
느냐에 따라 결정되는데, 출애굽 연대를 초기(B. C. 1400년
경)로 잡을 경우 모세는 B.C. 1520년경에 태어났다고 볼
수 있다(하지만 출애굽 연대를 후기, 즉 B.C. 1225년으로 잡는 학자들도
적지 않다. 참조. Samuel J. Schultz, The Old Testament Speaks 1960,
pp.47-49).

모세는 애굽 땅에서 태어났는데 (출 2:1-10), 그의 부모는 이스라엘 자손인 아므람과 요게벳이었다(6:20). 당시는 이스라엘 자손에게 매우 위기의 시대였다. 왜냐하면 그들은 애굽 사람들 밑에서 노예 생활을 하고 있었을 뿐만 아니라, 또한 애굽 왕은 계속해서 그들을 굴복시키기 위해 이스라엘의 모든 남자 아이들을 태어나는 즉시 죽이도록 명령했기 때문이다(1:8-22).

이러한 상황 속에서 태어난 모세는 부모들에 의해 석 달 동안 몰래 집에서 양육되었다. 하지만 그 후에는 어쩔 수 없이 갈대 상자에 넣어져 나일 강 갈대숲에 버려졌다. 그런데 강에 목욕하러 나왔던 바로의 딸이 우연히 이 히브리 아이를 발견하고 불쌍하게 여겨, 모세를 왕궁으로 데려갈 때까지 일정 기간 그를 양육해 주도록 그의 어머니에게 부탁하였다. 후에 바로의 딸은 모세를 양자로 삼아 왕궁으로 데리고 갔으며, 모세는 그 곳에서 사십년 동안 살았다.

출애굽기는 모세의 초기 생애에 관해 거의 언급하지 않고 있다. 하지만 스테반은 산헤드린에서 행한 연설 가운데서 모세는 이때에 '애굽 사람의 학술'을 다 배웠을 뿐만 아니라, 또한 뛰어난 언변과 지도력을 갖추었다고 말하고 있다. 당시에 애굽의 왕궁은 애굽의 통치 아래에 있으면서 조공을 바쳤던 시리아-팔레스타인 지역 (Syro-Palestinian territory)의 여러 도시 국가들의 왕위 계승자들에게 훌륭한 교육 시설들을 제공하고 있었다. 따라서 모세도 애굽 왕궁에서 이들과 함께 교육을 받았던 것으로 추측된다.

모세가 자신의 동족을 도우려고 했던 첫 번째 시도는 실패로 끝났다. 어느 날 모세는 어떤 사람이 한 이스라엘 사람을 치는 것을 보고 분개해 그 애굽사람을 죽여 모래에 감추었다. 이튿날 모세는 두 이스라엘 사람이 싸우는 것을 보고 그들을 화해시키려고 했는데, 그중에 한 사람이 모세가 그 전날 애굽 사람을 죽인 사실을 들추어내었다. 이에 모세는 애굽 왕 바로의 복수를 두려워하여 미디안으로 도망 갔고, 그 곳에서 40년 동안 은둔 생활을 하였다(출2:11-

시조로 읽는 모세5경 4복음서

15; 행7:29-30).

미디안 땅에서 모세는 이드로(출 3:1; 히브리 이름으로는 르우
엘, 헬라 이름으로는 르구엘로도 알려져 있다)라고 하는 제사장의 은
혜를 입어 그의 집에서 살았다. 그리고 얼마 후에는 이드
로의 딸 십보라와 결혼하였다. 모세는 이때에 장인의 양
떼를 돌보는 목자로 일하면서 아카바(Aqabah)만의 주변 지
역에 대한 지리학적 지식을 직접 체득하게 되었다. 하지만
당시에 모세는 장차 그가 바로 이 지역을 통해 이스라엘
민족을 인도하게 될 것을 깨닫지 못하였다.

모세가 하나님의 부르심을 받은 것은 참으로 중요한 사
건이었다. 모세는 불타는 떨기나무 앞에서 하나님의 계시,
곧 이스라엘 자손을 애굽의 속박으로부터 구원하라는 하
나님의 명령을 받았다(3장). 그런데 모세는 바로의 힘을 너
무나 잘 알고 있었기 때문에, 이 통치자의 권세에 대항하
는 데에는 하나님의 도움이 반드시 필요함을 알았다. 나아
가 그는 이스라엘 자손이 자신을 지도자로 인정하기를 주
저할 것이라고 예상하였다. 이에 하나님은 위대하신 여호
와(스스로 있는 자)께서 이전에 조상들에게 하신 약속, 곧 이

스라엘 자손을 노예 상태로부터 구원해 가나안 땅으로 인도하시겠다고 하신 약속(창 15:12-21)을 반드시 성취하실 것임을 모세에게 확신시켜 주셨다. 나아가 하나님은 모세의 지팡이를 뱀으로 변하게 하시고, 그의 손에 문둥병이 생기게 했다가 다시 낫게 하시는 두 가지 '이적의 표징'을 보여 주심으로써 그에게 하나님의 권위를 확증시켜 주셨다(출4:1-17). 또한 모세는 이스라엘 자손을 구원하라는 하나님의 명령을 그의 형 아론이 도와줄 것이라고 확신하여 마침내 아내 십보라와 두 아들을 데리고 애굽 땅으로 돌아왔다.

모세와 아론은 이스라엘 자손을 계속해서 노예 상태로 묶어 두려고 했던 바로의 시도를 연속적인 열 가지 재앙을 통해 대응하였다(출7-11장). 전체적으로 이러한 재앙들은 애굽 사람들이 섬기던 신들에 대한 심판이었으며, 이스라엘 자손과 또한 애굽 사람에게 하나님의 능력을 보여주는 징표였다. 처음에 바로는 "여호와가 누구관대 내가 그 말을 듣고 이스라엘을 보내겠느냐 나는 여호와를 알지 못하니 이스라엘도 보내지 아니하리라"(5:2)고 말하면서, 매우 저항적인 태도를 나타내었다. 그리고 바로는 하나님의 뜻을 계속 거역하면서 그의 마음을 더욱 강퍅하게 하였다. 하지만 애굽 전역에 걸쳐 애굽 사람들의 모든 장자가 죽임을 당하는 마지막 재앙(이것은 애굽의 모든 신들에 대한 심판이다)이 임한 후에 바로는 모세의 요구에 동의해 결국 이스라엘 자손이 떠나는 것을 허락하였다.

이스라엘 자손은 극적인 출애굽을 하기 전날 밤에 최초로 유월절(逾越節)을 지켰다(출12장). 각 가족은 여호와께서 모세를 통해 지시하신 간단한 규례에 따라, 일년된 수양 또는 수염소를 잡고 그 피를 자기 집의 좌우 설주와 인방에 바름으로써 하나님의 심판을 피할 수 있었다. 그런데 유월절 양을 선택하는 방법을 지시한 규례(12:3-4)에 따르면, 어린 양들과 그 양들이 흘린 피 아래서 피난처를 찾게 되는 사람들 사이에는 등가성(等價性)이 강조되고 있다. 이것은 모세가 애굽에 들어가기 직전에 하나님께서 '이스라엘은 내 아들 내 장자'(4:22)라고 하신 말씀과도 조화를 이루고 있다.

유월절 밤은 장자들의 운명이 어떤 것인지를 극적으로 보여 주었다. 즉 그 밤에 애굽의 모든 장자들은 죽임을 당한 반면에(12:29-30), 하나님의 장자들은 어린 양의 피로 구원을 받았던 것이다. 그런데 지금도 여전히 하나님의 심판의 한 모형이 되고 있는, 이 무시무시한 심판을 면한 사람들이 바로 모든 이스라엘 가정의 실제적인 장자들이었다는 사실은 특별한 의미를 갖는다. 그것은 이로써 모든 이스라엘 가정의 장자들이 하나님께 속하게 되었기 때문이다. 이스라엘 자손들은 양의 고기와 무교병과 쓴 나물로 된 유월절 식사에 참여한 후에 즉시 애굽을 떠났다. 그리고 나중에 그들은 매년 아빕 월(니산 월로도 불리움) 14일에 유월절을 지킴으로써 모세의 인도하에 체험한 기적적인 구원을 기념하였다.

모세는 약 60만 명에 달하는 성인 남자들을 비롯해 수많은 여자들과 어린 아이들을 이끌고 출애굽하였다. 하지만 그가 어떤 경로를 통해 이스라엘 자손을 인도했는지는 정확하게 확인하기 어렵다. 숙곳, 에담, 비하히롯, 믹돌, 그리고 바알스본은 모호한 의미를 가진 지명들이며, 아직도 정확한 지리학적 위치들이 확인되지 않고 있다. 이스라엘 자손이 홍해(갈대 바다)에 이르렀을 때, 그들은 뒤에서 추격해 온 애굽 군대의 위협을 받게 되었다(출14장). 그들이 모세에게 호소하자, 하나님은 이스라엘 자손과 애굽 군대 사이에 구름 기둥을 두어 애굽 군대가 공격하지 못하도록 보호하셨다. 또한 하나님은 적절한 때에 강한 동풍이 불어 홍해가 갈라지게 하심으로써 이스라엘 자손이 바다 가운데로 통행할 수 있도록 하셨다. 하지만 애굽 군대는 추격을 시도하다가 물에 휩싸여 수장되고 말았다. 이때에 모세의 누이 미리암은 이스라엘 자손이 승리의 찬송을 부르도록 인도하였다(15:1-21).

하나님의 지시에 따라 모세는 수르 광야를 거쳐 남쪽으로 이스라엘 자손을 인도하였다(15:22-27). 마라에서는 쓴 물이 달게 되었고, 엘림에서는 '물샘 열둘과 종려 칠십 주' 가 그들의 힘을 회복시켜 주었다. 신 광야에서는 날마다 만나가 내리기 시작함으로써 이스라엘의 큰 무리가 직면했던 식량 문제가 해결되었으며, 이 만나는 그들이 오랜 광야 생활을 거쳐 가나안 땅에 들어갈 때까지 계속 내렸다(16장). 르비딤에서 모세는 하나님의 명령에 따라 지팡이를 반석을 쳐서 백성들에게 필요한 많은 물이 나오게 하였다(17:1-7).

아말렉 족속의 공격을 받았을 때, 모세는 아론과 훌의 도움을 받아 계속해서 중보의 기도를 드렸고, 그 동안에 여호수아는 이스라엘 군대를 이끌고 전투에 참여해 승리를 거두었다(17:8-16). 모세는 장인 이드로의 충고에 따라 70인의 장로를 임명하여 그들로 하여금 재판하는 일을 돕게 하였다. 이스라엘 자손은 애굽을 떠나 여행한 지 3개월이 못되어 시내(호렙)산 부근에 도착했으며, 그 곳에서 약 1년 동안 머물렸다(출18-19장).

광야에서 진을 치고 있는 동안 모세는 위대한 입법자가 되었으며, 그를 통해 이스라엘의 종교가 계시되었다. 모세는 백성을 대표해서 하나님으로부터 율법을 받았으며, 하나님은 이 율법을 그분이 새롭게 구원한 이스라엘 백성들과 맺는 언약으로 삼으셨다. 그리고 이스라엘 회중은 십계명이 포함되어 있는 이 언약에 동의하였다 (출 20-24장). 이스라엘 자손이 하나님을 올바르게 섬길 수 있도록 하기 위해, 하나님은 모세에게 성막을 만들고 세우는 방법을 자세하게 지시해 주셨다.

모세의 감독 아래서 하나님의 지시는 신중하게 실행되

었다. 동시에 아론의 가족은 레위인들의 도움을 받아 제사장직을 수행하도록 지명되었으며, 그들의 사역을 위해 조심스럽게 준비되었다(25-40장). 나아가 하나님은 그분의 백성 이스라엘을 위해, 모세를 통하여 여러 가지 제사법과 성결법 그리고 절기준수를 위한 규례들을 자세하게 규정해 주셨다(레 1-27장). 이렇게 해서 이스라엘 자손은 애굽과 가나안의 종교적·문화적 양식으로부터 분명하게 구분될 수 있었다.

시내 반도에 진치고 있는 동안 모세는 군대를 계수하고 이스라엘 자손을 조직화하는 일을 감독하였다. 성막과 그 뜰을 진 중앙에 자리 잡았다. 그리고 애굽에 마지막 재앙이 내리는 동안에 죽음이 면제된 모든 이스라엘 가정의 장자들을 대신해 하나님의 것으로 구별된 레위 인들은 그 뜰 주위에 바로 접하여 배치되었으며, 모세와 아론의 가족은 동쪽에 있는 성막 입구에 배치되었다. 다른 지파들은 각 진이 세 지파씩으로 구성된 네 진으로 구분되었으며, 유다의 진이 제사장 가족 선두에 위치해 전체 진을 인도하였다 (민 1-3장).

광야를 여행하는 동안 모세와 이스라엘 자손은 낮에는 구름 기둥, 그리고 밤에는 불기둥의 인도와 보호를 받았다. 이 구름 기둥은 하나님께서 그분의 백성들과 함께 하심을 나타내는데, 애굽 사람이 이스라엘 자손을 추격하지 못하도록 막기 위해 처음으로 나타났었다(출 13:21-22; 14:19-20). 이스라엘이 진을 치고 있는 동안 구름은 성막 위에 머물러 있었다. 하나님은 구름으로 인도하시고, 이에 응답하여 사람들은 효율적인 조직을 갖추고 책임 있는 지도력을 발휘하였다. 길을 가는 도중에 하나님의 지시가 있을 때에는 언제나 은 나팔을 불어 백성들에게 주의를 환기시키고, 또한 지도자들을 소집하였다. 이스라엘이 진을 칠 때나 여행을 할 때 조직의 효율성이 분명하게 나타났다. 나아가 율법과 명령이 전체적으로 효력을 가지고 있었다(민1:1-10:10).

시내 반도에 있는 가데스(브엘세바 남서쪽 약 67km지점에 위치)에서 북쪽으로 열하루 길을 행진하는 동안에, 모세는 탐욕을 품은 무리의 불평에 직면하게 되었을 뿐만 아니라, 또한 누이 미리암과 형 아론으로부터 심한 비판을 받게 되었다. 애굽에서 먹었던 고기를 갈구하여 모세를 원망한 무리들은 무수히 내린 메추라기로 싫증날 정도로 많은 고기를 먹었지만, 결국 하나님의 진노를 받고 말았다. 또한 모세가 구스 여자를 취했다고 해서 그를 비방한 아론과 미리암 역시 하나님의 엄한 책망을 받았으며, 특히 미리암은 비록 일시적이기는 하지만 문둥병에 걸리는 징계를 받았다(민 11-12장).

가데스에 있는 동안 모세는 각 지파에서 한 명씩 모두 열두 명을 파견하여 가나안 땅을 정탐하게 하였다(민13-14 장). 그런데 대다수인 열 명의 정탐꾼이 보고한 내용은 이스라엘 자손을 자극하여 그들로 하여금 불신앙을 드러내게 하였다. 즉, 그들은 노골적으로 반역하면서 신앙적인 두 정탐꾼, 곧 하나님이 약속하신 땅을 그들이 반드시 정복하게 될 것이라고 충고하는 여호수아와 갈렙을 돌로 치려고까지 하였다. 이에 하나님은 반역적이고 불신앙적인 모든 이스라엘 자손을 멸망시키고자 하셨다. 이때에 모세는 오히려 관대한 자세로 백성들을 위한 중보의 기도를 하나님께 드렸다. 하지만 이스라엘 자손은 결국 출애굽 당시를 기준으로 20세 이상의 모든-여호수아와 갈렙을 제외한-백성들이 광야에서 죽는 징벌을 받고 말았다.

광야에서 방랑하던 38년 동안 모세가 발휘한 지도력에 관해서는 비교적 기록이 적다(민 15-20장). 이때에 다단과 아비람은 모세의 정치적 지도력에 도전하였고, 또한 고라와 그의 지지자들도 아론과 그 가족의 제사장 지위에 대항하였다. 이러한 반역 과정 속에서 14,000명이 하나님의 심판을 받아 죽임을 당하였다. 나아가 온 이스라엘은 열두 지파를 나타내는 열두 개의 지팡이들 가운데서 오직 레위 지파의 지팡이에서만 싹이 나고 꽃이 피어 살구 열매가 열리는 기적적인 증거를 보게 되었다. 그리고 이 지팡이에 새겨진 아론의 이름과 더불어 아론의 제사장직은 안전하게 확립되었다.

이스라엘 자손은 에돔 땅을 통과하는 대로를 이용하는 것이 허락되지 않아 모세에 의해 가데스로부터 아카바 만을 거쳐 모압 평지로 인도되었다. 도중에 모세는 하나님의 지시에 따라 백성들에게 필요한 물을 내도록 반석을 향해 명령했어야 함에도 불구하고, 반석을 지팡이로 침으로써 약속의 땅에 들어갈 수 있는 자격을 상실하고 말았다(민20장).많은 백성들이 하나님을 원망함으로써 불뱀에 물려 죽게 되었을 때, 모세는 놋뱀을 만들어 세워 순종하는 태도로 그 놋뱀을 쳐다보는 모든 사람들로 하여금 치유함을 받게 하였다(21:4-9). 그런데 후에 예수님은 이 사건을 비유로 이용하여 십자가에서의 자신의 죽음과 거기에 내포된 구원의 단순한 원리를 설명하셨다(요3:14-16).

모세는 모압을 지나 아르논 골짜기로 이스라엘 자손을 인도하였다. 이때에 그는 아모리 족속의 두 통치자, 곧 아모리 왕 시혼과 바산 왕 옥과 대결하게 되었다. 이스라엘은 두 왕을 모두 물리치고 요단강 동편의 땅을 점령하였다. 후에 이 지역은 르우벤, 갓, 므낫세 반(半)지파에게 분배 되었다. 그리고 이스라엘 자손은 아모리 족속으로부터 위협이 제거됨에 따라 아르논강 북쪽의 모압 평지에 일시적으로 정착하게 되었다(민 21:10-35).

모압 왕 발락은 이스라엘이 그의 백성 가까이에 진을 친 것을 매우 두려워하여 하나님의 언약의 백성을 파멸시키기 위한 교묘한 방법을 선택하였다(민22-25장). 그는 메소포타미아 출신의 선지자 발람에게 재물과 명예를 약속하면서 이스라엘을 저주하도록 유혹하였다. 발람은 발락의 요청을 받아 들였다. 하지만 길을 가는 도중에 발람은 그가 예언 속에서 오직 하나님의 메시지만을 말해야 한다는 것을 나귀를 통해 생생하게 깨닫게 되었다. 모압의 지도자들은 저주를 위해 여러 차례 제물을 준비하였다. 하지만 그는 예언을 할 때마다 오히려 이스라엘을 위한 축복만을 말하도록 규제되었다. 즉 하나님은 자신이 택한 백성들이 저주받는 것을 허락지 않으셨던 것이다. 그러나 발람이 떠나면서 모압과 미디안 사람들에게 한 충고는 이스라엘 자손으로 하여금 음행과 우상 숭배를 하도록 유도하였다. 이스라엘 자손 일부가 이 이방인들의 축제(제사) 초대에 응함으로써 하나님의 진노가 임했고, 이로 인해 수천 명이 전염병으로 죽고 죄를 범한 많은 지도자들이 죽임을 당하였다. 이후에 모세는 백성들을 이끌고 나가 이스라엘로 하여금 범죄케 한 미디안 사람들과 전투를 벌여 그들을 응징하였다. 이 전투에서는 또한 브올의 아들 발람도 죽임을 당하였다(민31:1-8).

모세는 다시 한 번 군대를 위한 인구조사를 지시하였다. 이 일은 아론의 아들 엘르아살에 의해 감독되었는데, 그는 아론이 죽은 이후에 대제사장으로 봉사하고 있었다. 이 당시 군대를 위한 이스라엘의 인적 자원은 애굽을 떠날

시조로 읽는 모세5경 4복음서

때보다 다소 줄어든 상태였다(민26장). 여호수아는 모세의 후계자로 지명되었다. 하나님은 모세를 통해 상속에 관한 문제를 비롯해 정기적인 제사, 절기, 서원에 관한 규례들을 상세하게 가르쳐 주셨다(27-30장). 모세는 르우벤·갓·므낫세반 지파로부터 그들을 제외한 나머지 지파들이 요단강 서편의 땅을 정복하는 것을 도와주겠다는 확약을 받은 후에, 그들이 요단강 동편에 정착하는 것을 허락해 주었다(32장).

모세는 이스라엘이 성공적으로 가나안 땅을 정복할 것이라고 예상했기 때문에 우상을 숭배하는 그 곳 주민들을 진멸할 것을 미리 충고 하였다. 그는 각 지파 사이에 땅을 분배하기 위해 열두 지파의 지도자들을 임명했으며, 그들에게 가나안 전역에 걸쳐 레위인들을 위한 48개의 성읍과 그 주변 넓은 들판을 주도록 지시하였다. 그런데 이러한 성읍들 가운데 여섯 성읍은 사람이 우발적으로 살인을 했을 경우, 안전하게 피신해 있을 수 있는 도피성으로 지정되었다(민34-35장).모세는 또한 딸들이 자기 가족의 기업을 상속받는 문제에 관해서도 해답을 제시해 주었다(36장).

모세의 위대한 인품은 사랑하는 백성들에게 행한 그의 고별 강론 중에 분명하게 나타나 있다. 그 자신은 가나안 땅을 정복하고 차지하는 일로부터 제외되었지만, 그는 이스라엘 자손이 가나안에 들어가서 최선을 다할 것을 간절히 소원하였다. 모세가 그들에게 준 충고는 신명기에 기록된 그의 설교 안에 요약되어 있다. 여기에서 모세는 먼저 하나님께서 이스라엘과 언약을 맺으신 호렙 산으로부터 시작해 긴 광야 여정을 회고하였다. 그는 특히 이스라엘 자손이 불평했던 장소들을 지적하면서 그들의 불순종을 상기시켰다. 왜냐하면 이러한 불순종의 결과로 모세가 애굽에서 인도해 내었던 세대는 하나님께서 약속하신 땅에 들어갈 수 없었기 때문이다. 이 같은 배경에서 모세는 백성들에게 순종할 것을 권면하였다. 동시에 그들의 용기를 북돋우기 위해, 최근에 하나님께서 아모리 족속에 대한 승리를 그들에게 허락하셨던 사실을 강조하였다. 그런데 이 경험은 실제로 그들이 가나안 땅에 들어가서 여호수아의 지도 아래서 승리할 수 있다는 희망을 갖게 하는 합당한 근거가 되었다(신1:11-4:43).

두 번째 강론(신4:44-28:68)에서 모세는 하나님과의 온전

시조로 읽는 모세5경 4복음서

한 관계를 위해서는 순종과 더불어 사랑이 필수적임을 강조하였다. 그래서 그는 시내산에서 받은 십계명을 다시 한 번 말하였다. 일상에서 온 마음을 다해 하나님을 사랑하는 것은 기본적으로 하나님과의 언약 관계를 유지하고 있음을 나타내며, 동시에 하나님의 축복을 누릴 수 있는 방법이었다. 따라서 각 세대는 순종과 교훈을 통해 다음 세대에게 여호와 하나님을 경외하는 법을 가르칠 책임이 있었다. 그리고 이러한 삶의 양식 속에서 그들은 실제로 하나님의 거룩한 백성이 될 수 있었다. 모세는 이미 주어진 많은 율법들을 다시 한 번 충실하게 설명하면서, 하나님께 신실할 것을 권고하고 우상을 숭배하지 말 것을 경고하였다. 또한 그는 백성들에게 공의를 행할 것을 충고하고, 추가로 여러 시민법과 종교적 규례들을 말해 주었다. 모세는 그의 두 번째 강론을 일련의 저주와 축복의 말들로 끝맺었다. 그런데 이것은 이스라엘 자손이 요단강을 건넌 후 모든 회중 앞에서 공적으로 낭독되어야 했다. 이렇게 하여 모세는 그들에게 삶과 죽음의 길을 제시하였다. 나아가 모세는 이스라엘을 위한 지침서로 기록된 율법을 남겼다.

모세의 생애가 끝나갈 무렵에, 이스라엘의 지도자로 이

미 내정되었던 여호수아가 모세의 후계자로 임명되었다.
신명기 32장의 노래에서 모세는 하나님을 찬양하면서 하
나님께서 어떻게 이스라엘을 구원하시고, 광야 여정 동안
에 그들에게 필요한 것들을 공급하셨는지를 상세하게 이
야기 하였다. 그 후에 모세는 각 지파를 축복한 다음 느보
산을 향해 떠났으며, 죽기 전에 그 곳에서 약속의 땅 가나
안을 바라보는 은혜를 누렸다(신33-34장).

- 아가페 성경사전

시조로 읽는 모세5경 4복음서

출애굽기 15장 1절 ~ 18절
━━━

1절   이 때에 모세와 이스라엘 자손이 이 노래로 여호와
       께 노래하니 일렀으되 내가 여호와를 찬송하리니
       그는 높고 영화로우심이요 말과 그 탄 자를 바다에
       던지셨음이로다

2절   여호와는 나의 힘이요 노래시며 나의 구원이시로다
       그는 나의 하나님이시니 내가 그를 찬송할 것이요
       내 아버지의 하나님이시니 내가 그를 높이리로다

3절   여호와는 용사시니 여호와는 그의 이름이시로다

4절   그가 바로의 병거와 그의 군대를 바다에 던지시니
       최고의 지휘관들이 홍해에 잠겼고

5절   깊은 물이 그들을 덮으니 그들이 돌처럼 깊음 속에
       가라앉았도다

6절   여호와여 주의 오른손이 권능으로 영광을 나타내
       시니이다 여호와여 주의 오른손이 원수를 부수시
       니이다

7절 주께서 주의 큰 위엄으로 주를 거스르는 자를 엎으
시니이다 주께서 진노를 발하시니 그 진노가 그들
을 지푸라기 깊이 사르니이다

8절 주의 콧김에 물이 쌓이되 파도가 언덕 같이 일어서
고 큰 물이 바다 가운데 엉기니이다

9절 원수가 말하기를 내가 뒤쫓아 따라잡아 탈취물을
나누리라, 내가 그들로 말미암아 내 욕망을 채우리
라, 내가 내 칼을 빼리니 내 손이 그들을 멸하리라
하였으나

10절 주께서 바람을 일으키시매 바다가 그들을 덮으니
그들이 거센 물에 납 같이 잠겼나이다

11절 여호와여 신 중에 주와 같은 자가 누구니이까 주와
같이 거룩함으로 영광스러우며 찬송할 만한 위엄이
있으며 기이한 일을 행하는 자가 누구니이까

12절 주께서 오른손을 드신즉 땅이 그들을 삼켰나이다

13절 주의 인자하심으로 주께서 구속하신 백성을 인도하
시되 주의 힘으로 그들을 주의 거룩한 처소에 들어
가게 하시나이다

14절 여러 나라가 듣고 떨며 블레셋 주민이 두려움에 잡
히며

15절 에돔 두령들이 놀라고 모압 영웅이 떨림에 잡히며
　　　가나안 주민이 다 낙담하나이다
16절 놀람과 두려움이 그들에게 임하매 주의 팔이 크므
　　　로 그들이 돌 같이 침묵하였사오니 여호와여 주의
　　　백성이 통과하기까지 곧 주께서 사신백성이 통과하
　　　기까지였나이다
17절 주께서 백성을 인도하사 그들을 주의 기업의 산에
　　　심으시리이다 여호와여 이는 주의 처소를 삼으시려
　　　고 예비하신 것이라 주여 이것이 주의 손으로 세우
　　　신 성소로소이다
18절 여호와께서 영원무궁 하도록 다스리시도다

신명기 32장 1절 ~ 47절

1절 하늘이여 귀를 기울이라 내가 말하리라 땅은 내 입의 말을 들을 지어다

2절 내 교훈은 비처럼 내리고 내 말은 이슬처럼 맺히나니 연한 풀잎의 가는 비 같고 채소 위의 단비 같도다

3절 내가 여호와의 이름을 전파하리니 너희는 우리 하나님께 위엄을 돌릴 지어다

4절 그는 반석이시니 그가 하신 일이 완전하고 그의 모든 길이 정의롭고 진실하고 거짓이 없으신 하나님이시니 공의로우시고 바르시도다

5절 그들이 여호와를 향하여 악을 행하니 하나님의 자녀가 아니요 흠이 있고 삐뚤어진 세대로다

6절 어리석고 지혜 없는 백성아 여호와께 이같이 보답하느냐 그는 네 아버지시오 너를 지으신 이가 아니시냐 그가 너를 만드시고 너를 세우셨도다

7절 옛날을 기억하라 역대의 연대를 생각하라 네 아버

지에게 물으라 그가 네게 설명할 것이요 네 어른들에게 물으라 그들이 네게 말하리로다

8절 지극히 높으신 자가 민족들에게 기업을 주실 때에, 인종을 나누실 때에 이스라엘 자손의 수효대로 백성들의 경계를 정하셨도다

9절 여호와의 분깃은 자기 백성이라 야곱은 그가 택하신 기업이로다

10절 여호와께서 그를 황무지에서, 짐승이 부르짖는 광야에서 만나시고 호위하시며 보호하시며 자기의 눈동자 같이 지키셨도다

11절 마치 독수리가 자기의 보금자리를 어지럽게 하며 자기의 새끼 위에 너풀거리며 그의 날개를 펴서 새끼를 받으며 그의 날개 위에 그것을 업는 것 같이

12절 여호와께서 홀로 그를 인도하셨고 그와 함께 한 다른 신이 없었도다

13절 여호와께서 그가 땅의 높은 곳을 타고 다니게 하시며 밭의 소산을 먹게 하시며 반석에서 꿀을, 굳은 반석에서 기름을 빨게 하시며

14절 소의 엉긴 젖과 양의 젖과 어린 양의 기름과 바산에서 난 숫양과 염소와 지극히 아름다운 밀을 먹이시

며 또 포도즙의 붉은 술을 마시게 하셨도다

15절 그런데 여수룬이 기름지매 발로 찼도다 네가 살찌
고 비대하고 윤택하매 자기를 지으신 하나님을 버
리고 자기를 구원하신 반석을 업신여겼도다

16절 그들이 다른 신으로 그의 질투를 일으키며 가증한
것으로 그의 진노를 격발하였도다

17절 그들은 하나님께 제사하지 아니하고 귀신들에게 하
였으니 곧 그들이 알지 못하던 신들, 근래에 들어온
새로운 신들 너희의 조상들이 두려워하지 아니하던
것들이로다

18절 너를 낳은 반석을 네가 상관하지 아니하고 너를 내
신 하나님을 네가 잊었도다

19절 그러므로 여호와께서 보시고 미워하셨으니 그 자녀
가 그를 격노하게 한 까닭이로다

20절 그가 말씀하시기를 내가 내 얼굴을 그들에게서 숨
겨 그들의 종말이 어떠함을 보리니 그들은 심히 패
역한 세대요 진실이 없는 자녀임이로다

21절 그들이 하나님이 아닌 것으로 내 질투를 일으키며
허무한 것으로 내 진노를 일으켰으니 나도 백성이
아닌 자로 그들에게 시기가 나게 하며 어리석은 민

족으로 그들의 분노를 일으키리로다

22절 그러므로 내 분노의 불이 일어나서 스올의 깊은 곳
      까지 불사르며 땅과 그 소산을 삼키며 산들의 터도
      불타게 하는도다

23절 내가 재앙을 그들 위에 쌓으며 내 화살이 다할 때까
      지 그들을 쏘리로다

24절 그들이 주리므로 쇠약하며 불 같은 더위와 독한 질
      병에 삼켜질 것이라 내가 들짐승의 이와 티끌에 기
      는 것의 독을 그들에게 보내리로다

25절 밖으로는 칼에, 방 안에서는 놀람에 멸망하리니 젊
      은 남자도 처녀도 백발 노인과 함께 젖 먹는 아이까
      지 그러하리로다

26절 내가 그들을 흩어서 사람들 사이에서 그들에 대한
      기억이 끊어지게 하리라 하셨으나

27절 혹시 내가 원수를 자극하여 그들의 원수가 잘못 생
      각할까 걱정하였으니 원수들이 말하기를 우리의 수
      단이 높으며 여호와가 이 모든 것을 행함이 아니라
      할까 염려함이라

28절 그들은 모략이 없는 민족이라 그들중에 분별력이
      없도다

29절 만일 그들이 지혜가 있어 이것을 깨달았으면 자기
　　들의 종말을 분별 하였으리라
30절 그들의 반석이 그들을 팔지 아니하였고 여호와께서
　　그들을 내주지 아니하셨더라면 어찌 하나가 천을
　　쫓으며 둘이 만을 도망하게 하였으리요
31절 진실로 그들의 반석이 우리의 반석과 같지 아니하
　　니 우리의 원수들이 스스로 판단하도다
32절 이는 그들의 포도나무는 소돔의 포도나무요 고모라
　　의 밭의 소산이라 그들의 포도는 독이 든 포도이니
　　그 송이는 쓰며
33절 그들의 포도주는 뱀의 독이요 독사의 맹독이라
34절 이것이 내게 쌓여 있고 내 곳간에 봉하여 있지 아니
　　한가
35절 그들이 실족할 그 때에 내가 보복하리라 그들의 환난
　　날이 가까우니 그들에게 닥칠 그 일이 속히 오리로다
36절 참으로 여호와께서 자기 백성을 판단하시고 그 종
　　들을 불쌍히 여기시리니 곧 그들의 무력함과 갇힌
　　자나 놓인 자가 없음을 보시는 때에로다
37절 또한 그가 말씀하시기를 그들의 신들이 어디 있으
　　며 그들이 피하던 반석이 어디 있느냐

38절 그들의 제물의 기름을 먹고 그들의 전제의 제물인 포도주를 마시던 자들이 일어나 너희를 돕게 하고 너희를 위해 피난처가 되게 하라

39절 이제는 나 곧 내가 그인 줄 알라 나 외에는 신이 없도다 나는 죽이기도 하며 살리기도 하며 상하게도 하며 낫게도 하나니 내 손에서 능히 빼앗을 자가 없도다

40절 이는 내가 하늘을 향하여 내 손을 들고 말하기를 내가 영원히 살리라 하였노라

41절 내가 내 번쩍이는 칼을 갈며 내 손이 정의를 붙들고 내 대적들에게 복수하며 나를 미워하는 자들에게 보응할 것이라

42절 내 화살이 피에 취하게 하고 내 칼이 그 고기를 삼키게 하리니 곧 피살자와 포로된 자의 피요 대적의 우두머리의 머리로다

43절 너희 민족들아 주의 백성과 즐거워하라 주께서 그 종들의 피를 갚으사 그 대적들에게 복수하시고 자기 땅과 자기 백성을 위하여 속죄하시리로다

44절 모세와 눈의 아들 호세아가 와서 이 노래의 모든 말씀을 백성에게 말하여 들리니라

45절 모세가 이 모든 말씀을 온 이스라엘에게 말하기를
  마치고
46절 그들에게 이르되 내가 오늘 너희에게 증언한 모든
  말을 너희의 마음에 두고 너희의 자녀에게 명령하
  여 이 율법의 모든 말씀을 지켜 행하게 하라
47절 이는 너희에게 헛된 일이 아니라 너희의 생명이니
  이 일로 말미암아 너희가 요단을 건너가 차지할 그
  땅에서 너희의 날이 장구하리라

시편 90편 1절 ~ 17절

1절   주여 주는 대대에 우리의 거처가 되셨나이다

2절   산이 생기기 전, 땅과 세계도 주께서 조성하시기 전
곧 영원부터 영원까지 주는 하나님이시니이다

3절   주께서 사람을 티끌로 돌아가게 하시고 말씀하시기
를 너희 인생들은 돌아가라 하셨사오니

4절   주의 목전에는 천 년이 지나간 어제 같으며 밤의 한
순간 같을 뿐임이니이다

5절   주께서 그들을 홍수처럼 쓸어가시나이다 그들은 잠
깐 자는 것 같으며 아침에 돋는 풀 같으니이다

6절   풀은 아침에 꽃이 피어 자라다가 저녁에는 시들어
마르나이다

7절   우리는 주의 노에 소멸되며 주의 분내심에 놀라나
이다

8절   주께서 우리의 죄악을 주의 앞에 놓으시며 우리의
은밀한 죄를 주의 얼굴 빛 가운데에 두셨사오니

9절 우리의 모든 날이 주의 분노 중에 지나가며 우리의
평생이 순식간에 다하였나이다

10절 우리의 연수가 칠십이요 강건하면 팔십이라도 그
연수의 자랑은 수고와 슬 픔뿐이요 신속히 가니 우
리가 날아가나이다

11절 누가 주의 노여움의 능력을 알며 누가 주의 진노의
두려움을 알리이까

12절 우리에게 우리 날 계수함을 가르치사 지혜로운 마
음을 얻게 하소서

13절 여호와여 돌아오소서 언제까지니이까 주의 종들을
불쌍히 여기소서

14절 아침에 주의 인자하심이 우리를 만족하게 하사 우
리를 일생 동안 즐겁고 기쁘게 하소서

15절 우리를 괴롭게 하신 날수대로와 우리가 화를 당한
연수대로 우리를 기쁘게 하소서

16절 주께서 행하신 일을 주의 종들에게 나타내시며 주
의 영광을 그들의 자손에게 나타내소서

17절 주 우리 하나님의 은총을 우리에게 내리게 하사 우
리의 손이 행한 일을 우리에게 견고하게 하소서 우
리의 손이 행한 일을 견고하게 하소서

시조로 읽는 모세5경 4복음서

요한계시록 15장 1절 ~ 4절

1절 또 하늘에 크고 이상한 다른 이적을 보매 일곱 천사
      가 일곱 재앙을 가졌으니 곧 마지막 재앙이라 하나
      님의 진노가 이것으로 마치리로다
2절 또 내가 보니 불이 섞인 유리 바다 같은 것이 있고
      짐승과 그의 우상과 그의 이름의 수를 이기고 벗어
      난 자들이 유리 바다 가에 서서 하나님의 거문고를
      가지고
3절 하나님이 종 모세의 노래, 어린 양의 노래를 불러
      이르되 주 하나님 곧 전능하신 이시여 하시는 일이
      크고 놀라우시도다 만국의 왕이시여 주의 길이 의
      롭고 참되시도다
4절 주여 누가 주의 이름을 두려워하지 아니하며 영화
      롭게 하지 아니하오리이까 오직 주만 거룩하시니이
      다 주의 의로우신 일이 나타났으매 만국이 와서 주
      께 경배하리이다 하더라

4복음서

마태복음

福音
Matthew

一. 마태복음

■ 저자 : 마태(Matthew)

■ 주제 : 예수는 메시야요 왕이시다

■ 기록연대 : 주후(A.D.) 65~70년경

■ 주요인물 : 예수, 세례 요한, 예수의 제자들

■ 내용

이 책은 예수님에 관한 이야기다. 예수님이 어디서 어떻게 태어났고, 무엇을 가르쳤으며, 어떻게 사람들을 도왔고, 왜 십자가에 죽어야만 했는지를 보여준다. 그리고 죽은 후 사흘 만에 무덤에서 다시 살아난 사실에 관한 이야기다. 이 책은 메시야(Messiah)에 관해 예언된 구약의 많은 구절들이 바로 예수에게 적용되고 있음을 증거하고 있다.

제 1장

예수는 그리스도 우리 왕 대제사장

우리 주 예수님은 아브라함 다윗후손

메시야 사십 이대에 베들레헴 탄생해

※ 아브라함부터 다윗까지 14대, 다윗부터 바벨론 포로 되기까지 14대
　　바벨론 포로이후 예수님까지 14대 포함 42대만에 예수님께서 탄생하심.

마리아 성령으로 그리스도 잉태해

요셉은 의로운 자 동침하지 아니하고

우리와 함께 계시다 임마누엘 그 이름

제 2장

유대 땅 헤롯왕 때 태어나신 예수님께

동방의 박사들이 황금 유향 몰약 예물

목자가 태어나리라 *미가예언 이뤄져

*미가 5:2

헤롯이 두 살 이하 모든 아이 죽이거늘
요셉이 애굽으로 가족 함께 피난 가서
헤롯이 죽은 뒤에야 나사렛에 돌아와

제 3장
천국이 가까웠다 외치는 세례요한
모여든 백성들이 회개하고 세례 받아
합당한 열매 맺으라 독사들의 자식아

예수님 요단강서 세례를 받으시니
하늘이 열리고 성령이 비둘기같이
하나님 말씀하시되, 사랑하는 내 아들

시조로 읽는 모세5경 4복음서

제 4장
예수님 광야에서 사십일 금식 후에
마귀가 시험하되 돌(石)들로 떡 만들라
사람들 떡만 아니라 말씀으로 살리라

마귀가 예수님을 성전위에 세우고
하나님 아들이면 이곳에서 내리뛰라
하나님 시험치 말라 예수님이 말씀해

마귀가 예수님께 천하 만국 보여주며
나에게 경배하면 모든 것 네게 주리
사탄아 물러가거라 하나님만 섬기리

예수님 나사렛서 가버나움 옮기시고
천국이 가까웠노라 회개하라 외치시니
비로소 공생애(公生涯)시작 구원의 길 가시다

베드로 안드레 야고보 요한 형제
갈릴리 해변에서 나를 따라 오너라
너희들 지금서부터 사람 낚는 어부라

예수님 갈릴리서 천국 복음 가르치고
각종 병 들린 환자 고치며 다니시니
요단강 건너편에서 많은 무리 따르네

제 5장
마음이 가난한 자 천국이 그들의 것
슬픈 자 위로받고 온유한 자 땅을 차지
의(義)위해 목마른 자는 배 부르리 복 받고

긍휼히 여기는 자 하나님이 가엾어 해
마음이 깨끗하면 하나님을 볼 것이요
화평을 이루는 사람 하나님의 아들 돼

시조로 읽는 모세5경 4복음서

의(義)위해 핍박받아 천국의 백성 되고
주(主)로 인(因)해 온갖 박해 거짓악담 받은 자들
하늘의 복이 임하니 기뻐하고 즐겨라

너희는 세상의 소금과 빛 이니라
율법의 일점일획 모두 다 이루리라
계명을 가르치는 자 천국의 큰 사람 돼

형제에 노하는 자 심판을 받게 되고
형제를 욕하는 자 지옥불에 갈 것이니
형제와 화목한 후에 하나님께 예물을

음욕(淫慾)을 품는 자와 무흠(無欠)아내 내치는 자
이혼녀 결혼한 자 이는 모두 간음이다
백체(百體)중 하나 죄지면 지옥불에 온몸이

一. 마태복음(福音 Matthew)　　　　　173

하늘 땅 예루살렘 네 머리와 어디든지
맹세를 말지니라, 맹세한 것 지키고
너희는 '예'와 '아니오'라고만 말하라

속옷을 빼앗으려 고발하면 겉옷까지
억지로 오리(五里)요구 십리(十里)라도 동행하라
구하는 자에게 주고 꾸려는 자 거절 말라

원수도 사랑하라 핍박한 자 위(爲)해 기도
하나님, 선인(善人) 악인(惡人) 해를 같이 비추시니
하나님 온전하심같이 온전하라 너희도

제 6장
사람에 보이려고 선한 일 하지마라
오른손 하는 일을 왼손이 모르도록
그러면, 하나님께서 갚아주실 것이다

위선자 길거리서 중언부언 기도하나
기도는 골방에서 은밀히 하나님께
너희가 구하기전에 필요한 것 아신다

하늘에 계신 우리 아버지여
이름이 거룩히 여김을 받으시오며
나라가 임하시오며
뜻이 하늘에서 이루어진 것 같이
땅에서도 이루어지이다
오늘 우리에게 일용할 양식을 주시옵고
우리가 우리에게 죄 지은 자를 사하여 준 것 같이
우리의 죄를 사하여 주시옵고
우리를 시험에 들게 하지 마시옵고
다만 악에서 구하시옵소서
나라와 권세와 영광이 아버지께
영원히 있사옵나이다 아멘

———

위선자 금식할 때 슬픈 표정 짓고 하나
너희는 얼굴 씻고 머리엔 기름 발라
은밀히 보시는 중에 갚아준다 하나님

보물이 있는 곳에 네 마음도 있느니라
사람이 두 주인을 마음속에 두지 못해
섬기지 못 할지니라 하나님과 재물을

공중의 새들보다 너희들이 더 귀하다
무엇을 먹고 마실까 염려하지 말아라
그런즉 너희는 먼저 그의 나라 구하라

제 7장
남들을 비판하면 너도 비판 받을지라
형제의 눈 속의 티 네 눈 속엔 *들보 있다
진주를 개 돼지에게 주지 말라 밟힌다

*들보(Crossbeam) : 칸과 칸 사이의 두 기둥 위를 건너지르는 나무. 대들보

구하라 찾으라 두드려라 다 주신다
하늘의 아버지는 좋을 것을 주시느니
남 대접 잘 하여라 너도 대접 잘 받는다

좁은 문 생명의 문 넓은 문 멸망의 문
삼가라 거짓 예언 그들은 이리니라
열매로 그들을 안다 좋고 나쁜 열매를

불법을 행한 자들 내가 너희 모르니라
내 말 듣고 행하면 반석위에 지은 집
홍수와 바람 불어도 무너지지 않는다

제 8장
나환자(癩患者) 예수에게 깨끗하게 치료받고
백부장(百夫長) 하인의 중풍 병 고치시고
백부장 믿음보시고 믿은 대로 될지라

베드로 장모(丈母)열병(熱病) 예수님이 고치시고
인자(人子)는 머리 둘 곳 없느니라 하시며
죽은 자 죽은 자에게 너희는 나를 따르라

바다에 파도일자 잔잔하라 꾸짖고서
두 사람 귀신들려 무덤 사이 소리 질러
예수님, 돼지 떼에게 귀신 넣어 몰사해

제 9장
예수님, 중풍병자 죄 사(赦)해서 고치시고
세무원 마태를 제자로 삼으시고
나는 의인 안 부르고 죄인 부르러 왔노라

금식은 언제하나 신랑을 빼앗긴 날
낡은 옷 새 천조각 같이 깁지 못하듯
새 술은 새 가죽부대 담아 넣어 보존해

시조로 읽는 모세5경 4복음서

회당장 딸 살리려 그 집으로 향하실 새
열두 해 혈루병자 예수님 긴 옷 만져
여인도 고침을 받고, 회당장 딸 살리셔

맹인들 눈을 뜨고 농아인 말을 하고
천국의 복음 전파 병약한 자 고치시고
예수님, 추수할 일꾼 보내소서 청하라

제 10장
예수님 열두제자, 베드로 안드레
요한과 야고보, 빌립과 바돌로매
도마와 마태, 야고보, 다대오, 시몬, 가룟유다

예수님 제자들에 잃은 양 찾아가라
죽은 자 살리며 전하라 천국복음
너희가 거저 받은 복음 거저 주라 하시다

───

너희를 보냄이 이리들 속 양이니라
뱀같이 지혜롭고 비둘기같이 순결하라
너희는 나로 인하여 미움 받되 잘 견뎌라

감춘 것 드러나고, 숨은 것 알려진다
너희는 지옥에서 멸하실 이 두려워해
사람 앞 나 시인(是認)하면 하나님 앞 너 시인

화평이 아니라 칼을 주러 왔노라
자기의 목숨을 아끼는 자 잃게 되고
목숨을 하나님 위해 버리며는 살리라

제자 영접 예수 영접 하나님 영접 상 받고
선지자 의인 영접 한가지로 상 받는다.
*소자에 냉수 한 잔도 주는 자는 상 주리

*소자(小子) : 작은 자

제 11장

감옥의 세례 요한, 예수님이 구주(救主)인가?

병든 자 고쳐주고 죽은 자를 살리셨다

그런 나 의심 않으면 복 받는다 일러라

예수님 말씀하길 세례요한 큰 자이나

천국엔 작은 자도 요한보다 크니라

천국은 빼앗기니라 *침노하는 자에게

*침노(侵擄) : 공격(attack)

고라신 벳세다와 가버나움 기적행해

그마을 회개않아 불행이 닥칠지라

소돔에 베풀었다면 오늘까지 있으리.

내게로 오너라 수고하고 짐진 자들

마음이 온유하고 겸손한 나이어니

내 멍에 나의 짐들은 쉽고 가벼우니라.

一. 마태복음(福音 Matthew)

제 12장
밀 이삭 제자들이 안식일에 잘라먹자
안식일 범하였다 바리새인 말을 해
*인자는 안식일 주인 정죄하지 말아라
*인자(人子) : 예수님(Son of man)

예수님 안식일에 손 마른 자 고치시고
안식일 선행함이 옳으니라 하시니
어떻게 예수 죽일까 바리새인 의논해

예수님 귀신 쫓자 바리새인 험담하길
사탄의 도움으로 귀신을 쫓아낸다
너희들 성령을 모독 용서받지 못한다

좋은 나무 좋은 열매 나쁜 나무 나쁜 열매
선한 사람 선한 말을 악한 사람 악한 말을
심판 날 심문 받으리 의로움과 정죄함

악하고 음란 세대 기적을 요구하나
요나의 기적밖에 보일 것이 없도다
내게도 사흘 동안 있으리라 땅속에

예수님 무리에게 말씀하고 계실 때에
동생과 어머니가 찾아왔다 전하거늘
하나님 뜻 행하는 자 내 어머니 내 형제

제 13장
너희 눈 너희 귀 보고 들어 복 있느니
의인과 선지자 귀 있고 눈 있어도
너희는 못 하였도다 들었어도 보아도

길가와 돌밭 씨앗 빼앗기고 넘어지고
가시떨기 뿌린 씨앗 유혹 오면 결실 못해
좋은 땅 뿌린 씨앗은 백배 육십배 삼십배

천국은 좋은 씨앗 원수는 가라지를
주인이 가만두라 가라지 뽑다 곡식까지
추수 때 곡식은 곳간, 가라지는 태우리

천국은 겨자씨 천국은 누룩같아
겨자씨 크게 자라 가지에 새 깃들어
누룩은 가루 서말을 다 부풀게 하느니

천국은 숨겨진 보화와 값진 진주
천국은 바다에 친 그물 속의 좋은 고기
악인은 세상 끝날에 울며 이(齒)를 갈리라

예수님 고향에서 말씀을 가르칠새
목수의 아들이라 사람들 배척하니
선지자 자기 고향서 존경받지 않는다

제 14장
헤롯왕 생일맞아 헤로디아 딸 춤추자
네 소원 무엇이냐? 세례요한 머리라
헤롯은 요한을 죽여 소반 담아 주니라

빈들에 남자 오천 먹을 것 *오병이어(五餠二魚)
하늘에 감사 기도 배불리 먹이시고
남은 빵 열두 광주리 베푸시네 기적을
*오병이어(五餠二魚) : 떡(빵) 다섯 개와 물고기 두 마리

예수님 기도 후에 새벽 네 시 바다위로
나니라 안심하라 베드로는 물에 빠져
믿음이 작은 자들아 의심하지 말아라

제 15장
전통(傳統)을 앞세워서 장로들이 계명 어겨
입술로는 주님 공경, 마음에선 멀도다
입으로 드는 것보다 나오는 것 더럽다.

맹인(盲人)이 맹인 인도(引導) 둘이 다 구덩이에
입에서 나오는 것 마음에서 나오나니
마음의 악한 생각들 사람들을 더렵혀

가나안 한 여자가 다윗자손 예수시여
흉악한 귀신들린 내 딸을 고쳐주오
네 믿음 매우 크니라 소원대로 되리라

예수님 갈릴리서 모든 병자 고치시고
사천 명 굶주리자 *칠병이어(七餠二魚) 기적행해
다 먹고 남은 음식이 광주리로 일곱 개

*칠병이어(七餠二魚) : 떡(빵) 일곱 개와 물고기 두어마리

제 16장
예수님 시험하려 바리새파 사두개파
하늘서 오는 기적 보여 달라 요구하니
요나의 기적밖에는 보여줄 것 없도다

사람들 인자(人子) 나를 누구라고 하더냐
엘리야, 세례요한, 예레미야라 하더이다
베드로, 주는 그리스도 하나님 아들 고백해

예수님 베드로에 너야말로 복 있도다
반석에 교회 세워 천국 열쇠 네게 주니
그 열쇠 하늘과 땅의 모든 문제 해결해

예수님 죽음 부활 제자들에 말하시자
베드로 항변하며 그럴 수 없나이다
예수님, 사탄아 물러가라 생각마라. 사람일

예수를 따르려면 제 십자가 제가지고
생명을 구하려면 예수위해 생명 바쳐
네 생명 하나님 영광 오실 때에 갚으리

제 17장
예수님 해같이 눈부시게 변화하사
베드로 요한 야고보 이곳이 좋사오니
너희는 그의 말 들으라 사랑하는 내 아들

귀신이 들린 아이 제자들이 못 고치자
예수님이 고치시고, 너희는 믿음 작다
믿음이 겨자씨만 해도 산을 옮길 지니라

성전세 받는 사람, 성전세 왜 안내나
예수님 베드로에 바다에서 낚시해서
물고기 입속 한 *세겔 성전세로 주어라

*세겔 : 돈의 단위이면서 무게의 단위. 4드라크마의 가치 은 약 10-15g

제 18장

어린이 같아야만 천국에서 큰 자이니
어린이 영접함이 예수 영접 하는 것이
어린이 *실족케 하면 목에 맷돌 바다 속

*실족(失足)케 하면 : 죄짓게 하면

백 마리 양 중에서 한 마리 길 잃으면
한 마리 찾으려고 아흔아홉 산에 두고
잃은 양 찾아 안고서 기뻐하리 주인은

형제가 죄짓거든 잘못을 타이르고
만일에 안 들으면 두 세 명이 사실증명
그래도 듣지 않으면 *죄인처럼 여겨라

*죄인처럼 : 이방인이나 세리처럼

땅에서 *매고 *풀면 하늘서도 매고 풀어
두 세 명 한마음 돼 구하면 응답되고
내 이름 모이는 곳에 함께하리 너희와
*매고 : 처벌하고
*풀면 : 용서하면

*육천억원 *면제받고 *일만원은 면제않자
임금이 그말 듣고 악한 종을 감옥에
죄지은 형제 용서 일곱 번씩 일흔번
*육천억원 : 1만달란트
*일만원 : 백데나리온
*면제 : 탕감

제 19장
부모를 떠난 자녀 각각 결혼 할 것이며
그런즉, 둘이 한 몸 나누이지 못할지니
음행한 연고 외에는 이혼하지 말지라

예수께 어린아이 안수기도 바랄새
어린이 내게 올 때 금하지 말지니라
천국은 어린이 같은 사람들의 것이라

한 청년 예수님께 어찌하면 영생하나
네 재산 가난한 자 주고서 나 따르라
그 청년, 재물이 많아 근심하며 가니라

부자의 천국행은 낙타가 바늘구멍
인자가 영광 보좌 너희도 열두 보좌
지금은 먼저 되어도 나중 된 자 먼저 돼

제 20장
천국은 포도원의 일하는 품꾼 같아
아홉시 열두시, 세시, 다섯시 같은 품삯
불평을 하지 말아라 먼저 된 자 나중돼

ㅡ. 마태복음(福音 Matthew)   191

—

*세배대 두 아들은 예수님의 좌우편에
너희는 종 노릇 남 섬기는 사람되라
사람의 죗값 치르려 나는 세상에 왔노라
*세배대 : 요한 야고보의 아버지

아버지 뜻 이룬 자 누구인가 말하라
맏아들 포도밭에 간다면서 아니 가고
싫다던 둘째 아들이 뉘우치고 갔나니

제 21장
예수님 나귀타고 예루살렘 입성하여
무리들 *호산나 주의 이름 오시는 분
이분은 나사렛에서 나아오신 예수라
*호산나(Hosanna) : (우리를) 구원하소서

예수님 성전에서 장사꾼 쫓아내고
내 집은 기도의 집 강도 소굴 되었도다
성전을 정화하시고 *베다니로 가시다
*베다니 : 예루살렘에서 약 3km 떨어진 마을

잎사귀 무성하고 무화과 열매 없자
예수님 이 나무는 열매 맺지 못할 지라
너희는 믿고 구하면 무엇이든 받으리

자기의 포도원을 농부에게 세를 주고
거둔 것 받아오라 종과 아들 보냈으나
농부들 아들 죽이매 그가 바로 바리새인

제 22장
천국은 왕의 아들 혼인 잔치 같을진대
초청된 사람들이 무례하게 거절하니
청함은 많이 받지만 택한 사람 적도다

함정에 빠뜨리려 예수께 묻자옵길
세금은 누구에게 바쳐야 하니이까
*가이사 것 가이사에게 하나님 것 하나님께

*가이사(Caesar) : 처음에는 율리우스 카이사르를 지칭했으나 아우구스투스
 이후 황제의 뜻으로 사용. 로마황제

한 부인 칠 형제와 결혼하고 죽었을 때
부활 때 그 여자는 누구의 아내인가
천국은 천사들 같이 시집 장가 안 간다

바리새 사람들이 어느 계명 크니이까
네 마음 목숨 다해 하나님 사랑하고
네 이웃 네 몸과 같이 사랑하라 하니라

제 23장
서기관, 바리새인 말만하고 실천 안해
그들은 윗자리와 높은 자리 좋아하나
자기를 높이지 말고 낮아지면 높아져

불행이 있을지라 서기관과 바리새인
천국 문 가로막고 사람들 못가게 해
한 사람 교인 얻고서 지옥 자식 만들어

서기관 바리새인 위선자들 화있으라
박하와 회향과 양념따위 십일조로
율법 중 가장 중요한 긍휼, 믿음 버렸다

하루살이 걸러내고 낙타는 삼키면서
대접 잔(盞) 겉은 청결 속에는 탐욕 방탕
맹인된 바리새인아 깨끗해라 마음속

—

회칠한 무덤은 겉으로는 아름답다
그 안은 사람 뼈와 더러운 것 가득하듯
겉으로 정의로운 체 너희 속은 죄 가득

독사의 새끼들아 지옥판결 못 피한다
너희게 선지자와 지혜자들 보내면
그들 중 채찍질하고 십자가에 못박아

암탉이 새끼 품듯 너희 자녀 모았으나
너희가 원치않고 너희 집은 황폐해져
너희는 이제로부터 나를 보지 못하리

제 24장
예수님 제자들이 성전 건물 가리킬 새
진실로 이르노니 성전의 건물들이
돌 위에 돌 하나까지 남지 않고 무너지리

세상의 끝이 올 때 무슨 징조 있으리까
거짓 그리스도 많은 사람 미혹하나
끝까지 견디는 사람 모두 구원 받으리

큰 기적 놀라운 일 거짓 예수 미혹할 때
시체가 있는 곳에 독수리들 모여들고
인자가 임할 때에는 번개치듯 오리라

환난 후 해와 달이 빛을 잃고 어두워져
별들이 떨어지고 모든 족속 통곡할 새
인자가 구름을 타고 영광으로 오리라

천지는 없어져도 주님 말씀 안 없어져
주님이 오실 날은 하나님만 아시나니
너희들 깨어 있어라 임하신다 주님이

ㅡ. 마태복음(福音 Matthew)

제 25장
열 처녀 등(燈)가지고 신랑을 기다리다
다섯은 슬기로워 기름준비 신랑 맞아
천국은 이와 같으니 준비한 자 것이라

주인이 세 사람에 달란트 주었더니
한 사람 한 달란트, 또 한 사람 두 달란트
달란트 다섯 받은 자 다섯 배를 더 남겨

지극히 작은 자에 한 것이 내게 한 것
베푼 자 영생 얻고 안 베푼 자 영벌(永罰)얻어
인자(人子)가 영광보좌서 모든 심판 하리라

제 26장

예수님 *유월절에 십자가에 못 박히리

민란(民亂)이 날까 하니 명절에는 삼가자며

가야바 대제사장 장로들과 흉계(凶計)를

*유월절(逾月節 또는 과월절(過月節), passover)
출12:13 내가 애굽 땅을 칠 때에 그 피가 너희가 사는 집에 있어서
너희를 위하여 표적이 될지라 내가 피를 볼 때에 너희를 넘어가려니
재앙이 너희에게 내려 멸하지 아니하리라
하나님께서 이스라엘자손을 애굽의 속박으로부터 구원해내신 것을
기념하는 명절

한 여인 귀한 향유 예수님 머리 붓자

제자들 분개하며 귀한 것 허비 하냐

그러나, 복음전파 때 여인 행실(行實) 전하리

제자중 가룟유다 대제사장에 말하되

예수를 넘겨주면 얼마를 주겠느냐

은삼십(銀三十) 네게 주리라. 가룟유다 배반해

마지막 만찬 때에 한 사람이 나를 팔리
그 사람 태어나지 않았으면 좋았을 것
그리고, 빵과 포도주 내 몸이고 나의 피

오늘밤 너희들이 나를 버릴 것이니라
베드로 부인하며 결코 주를 안 버리리
진실로 닭 울기 전에 부인 하리 세 번을

예수님 겟세마네 피땀 흘려 기도하셔
이 잔(盞)을 내게서 지나가게 하옵소서
그러나, 내 뜻이 아닌 아버지 뜻 이루소서

배반자 가룟 유다 예수께 입 맞추자
예수님 유다에게 하려는 일 행하라
큰 무리 달려들어서 예수님을 체포해

예수님 죽이려는 의회와 대제사장
내세운 거짓 증인 신성 모독 했다하며
예수님 침묵하시자 침 뱉으며 때리네

베드로, 예수와 한 패라는 여종의 말
첫 번째, 두 번째도, 세 번째도 부인하곤
닭 울자 밖에 나가서 심히 통곡 하니라

제 27장
빌라도 총독 앞에 예수님 끌려가고
유다는 뉘우치고 목매어 죽었으니
은삼십, 핏값이라며 나그네의 묘지사

빌라도 군중에게 누구를 놓아주랴
바라바 놓아주고 예수를 십자가에
예수께 가시관 씌워 희롱하고 끌고가

골고다 언덕 위 예수님을 십자가에
머리 위 유대인의 왕 예수 죄패 붙여
예수님 좌와 우편에 두 강도도 함께해

예수님 십자가서 *엘리엘리라마 사박다니
성소의 휘장이 찢어져 둘이 되고
하나님 아들이라고 지키던 자 인정해
*하나님이여 하나님이여 왜 나를 버리시나이까

*아리마대 부자요셉 예수 시체 가져다가
모시로 곱게 싸서 무덤속에 눕혀놓자
경비병 돌로 막고서 무덤 굳게 지키네
*지명(地名)

제 28장
*막달라 마라아와 마리아가 무덤에
천사가 내려와서 무덤 돌문 굴려내고
예수님 부활하셔서 갈릴리로 먼저가
*지명(地名)

무덤 지킨 경비병들 제사장에 보고하니
제자들 밤에 와서 시체 훔쳐 갔다하라
경비병 돈을 받고서 시킨대로 말을 해

예수님 부활 후에 열한제자 만나시고
민족들 제자삼아 세례주고 가르치라
너희와 함께 하리라 끝날까지 세상의

마가복음

福音
Mark

二. 마가복음

■ 저자 : 마가(Mark)

■ 주제 : 종의 모습으로 오신 예수님

■ 기록연대 : 주후(A.D.) 65~70년경

■ 주요인물 : 예수, 세례 요한, 예수의 제자들

■ 내용

이 책은 예수님이 요단강에서 세례 요한에게 세례를 받는 것으로부터 시작해서 스승을 배신한 가롯 유다에 의해 팔려 갈보리 언덕의 십자가 위에서 죽으시고 부활하시기까지의 이야기를 들려주고 있다. 특별히 이 책은 이 세상에 종의 모습으로 오셔서 자기 백성의 구원을 위하여 쉼 없이 일하시는 예수님의 생생한 활동에 촛점을 맞추고 있다.

제 1장
하나님 아들 예수 그리스도 복음시작
광야의 세례 요한 요단강서 물로 세례
예수님 성령세례를 너희에게 주시리

예수님 요단강서 요한에게 세례받자
성령이 비둘기 같이 하늘에서 내려오고
소리가 하늘로부터, 사랑하는 내 아들

예수님 광야에서 사십 일 계실 때에
사탄에 시험받고 들짐승과 함께 계셔
이때에 예수께 나와 시종드는 천사들

예수님 공생애(公生涯) 갈릴리서 복음전파
때가 찼고 천국이 가까이 왔느니라
회개 후 복음 믿으라 세상 향해 외치셔

※ 예수님은 30세에 공인(公人)으로서의 구원사역을 시작하셨음.

갈릴리 해변에서 시몬형제 야고보형제
너희를 사람 낚는 어부 되게 하리라
그들이 아비 버리고 예수님을 따라가

베드로 장모 열병 예수께서 고치시고
나환자 치료하고 각종 병자 귀신 쫓자
이 소식 온 동네 퍼져 사방에서 몰려와

제 2장
예수님 가버나움 어느 집에 머무실 때
지붕을 뜯어내고 중풍병자 달아내려
소자야, 네 죄사함을 받았도다 하시네

세관원 *레위에게 예수님이 나 따르라
병이든 자에게만 의사가 쓸데 있듯
의인을 아니 부르고 죄인 부르러 왔노라

*레위 : 세리(稅吏) 마태(Matthew)

*요한의 제자들이 금식한단 말을 듣고
신랑과 함께 있어 금식할 수 없느니라
*신랑을 빼앗기는 날 그때금식 하느니
*요한 : 세례요한을 가리킴
*신랑 : 예수님

제자들 안식일에 밀 이삭 잘라 먹자
바리새 사람들이 제자들을 비난하니
사람을 위해있느니 안식일주인 *인자라
*인자(人子 Son of man) : 예수

제 3장
안식일 손마른 자 고치시고 하는 말씀
어느 것 옳으냐 선한 일과 악한 일과
생명을 구하는 일과 생명을 죽이는 일

시몬, *베드로 요한형제 *보아너게
안드레 빌립 마태 바돌로매 도마 시몬
야고보 다대오 유다 열두제자 세우셔
*베드로 : Peter, 게바, 반석(바위)
*보아너게 : Boanerges 우레의 아들

서기관 예수님을 *바알세불 들렸다고
사탄끼리 싸우면 망하게 마련이라
성령을 모독하며는 절대 용서 못 받아
*바알세불 : Beelzebul (귀신들린 사람을 치료해 주었다고 예수님을
  조롱하여 붙인 이름). 귀신의 왕, 사탄

예수님 어머니와 동생들이 찾아오니
누가 내 어머니고 동생이냐 하시고
하나님 뜻 행하는 자 내 어머니 내 형제

제 4장
길가에 떨어진 씨 새들이 먹어버려
돌밭은 말라버려 가시떨기 결실 못해
좋은 땅 뿌려진 씨는 삼십 육십 백배라

천국의 비유니라 씨앗은 말씀이고
길가, 돌밭 가시밭과 좋은 땅은 사람 마음
믿음의 결실 맺으라 삼심 육십 백배를

등불이 밝혀지듯 감추인 것 드러나고
있는 이 더 받고 없는 이는 빼앗기리
천국은 열매 익으면 추수하는 것 같다

천국은 겨자씨 한 알과 같으니라
씨앗 중 작지마는 채소보다 크게 자라
새들이 그 그늘에서 깃들이게 되느니

저물 때 예수께서 바다 저편 건너가자
광풍과 큰 물결에 제자들 놀라떨 때
예수님 주무시다가 잠잠하라 꾸짖어

제 5장
한사람 귀신들려 무덤 사이 사는지라
예수님, 그 사람에서 귀신아 나오너라
돼지 떼 들어간 귀신 바다에서 몰사해

회당장 야이로가 죽은 내 딸 구하소서
열두 해 혈루병자 예수님 옷 만져낫고
소녀야 일어나거라 *달리다굼 살아나

*달리다굼 : Talitha Cumi 귀여운 소녀야 일어나거라

시조로 읽는 모세5경 4복음서

제 6장
예수님 고향 가서 회당에서 가르칠 새
고향의 사람들이 예수님 배척하니
선지자, 고향에서는 존경받지 못 한다

예수님 열두제자 권능주고 보내시며
지팡이 외에는 아무것도 갖지 마라
제자들, 회개하라고 전도하며 병 고쳐

헤롯이 동생 부인 헤로디아 결혼하자
요한이 꾸짖으니, 헤로디아 앙심 품고
헤롯의 생일 잔치 때 세례요한 죽게 해

큰 무리 빈 들에서 날 저물어 배고플 때
하늘에 감사 기도 오병이어 무리에게
오천명 다 먹고서도 열두 바구니 남았네

예수님 기도하러 산으로 가셨을 때
제자들 새벽 네시 풍랑 바다 노젓는데
예수님 바다 걸어서 두려말라 나니라

제 7장
하나님 계명보다 사람 전통 지키거늘
입술은 하나님공경 마음속엔 악이 가득
사람의 마음속에서 나오는 것 더럽다

예수님 수로보니게 여인의 딸 살리시고
귀먹고 말더듬는 사람에게 안수하고
*에바다 한마디 말씀 귀 열리고 혀 풀려

*에바다 : Ephphatha '열리다'라는 의미의 아람어

제 8장

광야서 사흘 동안 굶주린 무리들에

떡 일곱 생선 몇 마리 하나님께 감사기도

사천 명 먹이시고서 일곱 광주리 남았네

예수님 *힐난하며 기적구하는 바리새인

헤롯과 바리새인 *누룩을 주의하라

너희는 기억하느냐 오병이어 칠병이어

*힐난(詰難) : 캐고 따져서 비난함

*누룩 : 누룩처럼 부풀어오는 율법주의자 바리새인과 욕망으로 가득 부풀어

오른 세속적 헤롯

예수님, 사람들이 나를 누구라 하느냐?

엘리야, 세례요한 더러는 선지자라

베드로 대답하거늘 주님은 그리스도

예수님, 고난 받고 죽고 부활 한다할 새
베드로 예수님께 그럴 수 없다 하자
사람일 생각하느냐 물러가라 사탄아

자기의 십자가로 나를 따를 것이며
주님과 복음위해 목숨 잃음 구원받고
사람이 세상 얻고도 죽게 되면 무익해

제 9장
베드로 야고보와 요한 함께 높은 산에
예수님, 변화하사 엘리야와 모세 함께
초막 셋 짓게 하소서 좋사오니 이곳이

귀신 든 어린아이 예수께서 고치시고
믿는 자 능히 하지 못할 일 없느니라
기도 외(外) 이런 종류가 나갈 수가 없느니

인자가 사람들에 죽은 후에 부활 하리
제자들 자리다툼 섬기는 자 먼저 되라
어린이 영접하는 것 그것이 곧 나 영접

반대를 안하는 자 우리를 위하는 자
한 아이 죄짓게 하면 맷돌 달고 바닷 속에
*지체(肢體)중 하나 죄지으면 하나 잘라 버려라
*지체(肢體) : 팔다리와 몸

제 10장
예수께 바리새인 아내 버려도 좋으냐
하나님 짝지으셔 사람이 못 나눈다
남편과 아내든 간에 외도(外道)하면 간음죄

어린이 내게 옴을 제자들 막지마라
천국은 어린아이 같아야 들어간 다
예수님 어린이 안고 그들 위에 축복해

한사람 예수님께 어찌해야 영생 얻나
네 재산 없는 자에 다 주며는 천국 보화
그 사람 재산이 많아 근심하며 가니라

부자가 천국 가기 낙타가 바늘구멍
복음과 나 위하여 모든 것 버린 자는
내세에 영생을 받고 나중된 자 먼저 돼

예수님 예루살렘 올라가며 하시는 말
서기관 대제사장 나에게 사형선고
그들이 죽일 것이나 삼일 만에 살리라

*세베대 두 아들을 주님의 좌우편에

으뜸이 되려거든 모든 사람 종이 되라
사람들 *죗값 치르려 인자(人子) 세상 왔노라

*세베대 : 요한과 야고보의 아버지
*죗값 치르려 : 대속물(代贖物)로

길가의 바디매오, 다윗자손 예수여
무엇을 원하느냐? 눈을 뜨게 해 주소서
네 믿음 네가 낫게돼. 바디매오 눈을 떠

제 11장
예수님 나귀타고 예루살렘 향하실 때
사람들 겉옷 벗고 나뭇가지 길에 펴며
*호산나, 주 이름으로 오는 분께 찬양을

*호산나(Hosanna) : 우리를 구원하소서.

성전서 매매하고 돈 바꾸고 비둘기 팔자
예수님, 둘러엎고 내 성전은 기도하는 집
너희는 강도의 소굴 만들었다 이 성전

베드로 예수님께 무화과나무 말랐다고
하나님 믿으면 산(山)도 들려 바다로
기도로 구하는 것은 받은 줄로 믿으라
서기관 예수께 누가 권한 주었느냐
요한의 세례가 하나님과 사람 중 어디서 왔느냐
그들이 대답 못하니 나도 대답 안한다

제 12장
한사람 포도원을 농부에게 세(貰)를 주고
소출 얼마 받으려고 종과 아들 보냈으나
농부들 아들 죽이매 농부들도 진멸돼
예수님 책(責)잡으려 바리새인 헤롯 당원

세금을 *가이사에 바치는 것 옳으니까
가이사 것 가이사에게 하나님것 하나님께

*가이사(Caesar) : 황제, 로마황제

한 여인 *칠형제의 아내 되고 죽었는데
그 여인 부활할 때 누구의 아내인가
부활 때 혼인이 없다 천사처럼 살리라

*칠형제의 아내
 - 모세율법에 형이 혼인 후 자식 없이 죽으면 동생이 형수를 부인으로
   삼는다. 여기서는 칠형제가 차례로 모두 죽고 부인만 살았을 경우의 예를
   들었다.
 - 형사취수(兄死取嫂) : 형이 죽으면 아우가 형수를 아내로 맞아 들임

예수께 서기관이 첫째 계명 무엇인가
하나님 사랑하라 마음 목숨 뜻 힘다해
네 이웃 네 몸과 같이 사랑함이 첫 계명

—

서기관 긴 옷 입고 시장에서 인사 받고
회당의 높은 자리 잔치집 윗자리에
과부의 재산 삼키며 길게 기도 하느니
가난한 한 과부는 *두 렙돈 헌금하니
부자의 헌금보다 과부 헌금 많이 냈다
과부는 가난한데도 전 생활비 바쳤다

*두 렙돈 : 헬라 동전의 명칭. 2렙돈은 1고드란트. 우리돈 156원정도
약 1000원 정도라고도 함.

제 13장
너희는 사람에게 속지 않게 조심하라
민족, 나라 대적하고 기근, 지진 재난 시작
끝까지 견디는 사람 구원받을 것이라

멸망의 흉측한 것 성전에서 보게 되면
있던 곳 도망치고 아이 엄마 불행하다
환난 날 오게 되며는 거짓 예수 조심해

시조로 읽는 모세5경 4복음서

해와 달 빛을 잃고 별들이 떨어지면
인자가 구름타고 영광으로 오시리라
그때에 천사들 보내 택한 백성 모으리

환난 날 언제 올지 하나님만 아시느니
천지는 없어져도 내말은 안 없어져
너희들 깨어있으라 모든 이도 다함께

제 14장
유월절 *무교절(無酵節) 대제사장 서기관들
예수님 교묘하게 잡아 죽일 의논하니
군중들 난동 우려해 명절에는 말지라

*무교절(無酵節 Unleavened Bread) : 유월절 행사 연이어 7일간 이어지는
 축제기간. 누룩없는 빵을 먹음

예수님 베다니의 나병환자 시몬 집에
한 여인 비싼 향유 깨뜨려서 주(主)머리 위
예수님, 내 장례 준비, 여인 행위 세상에

유월절 다락방서 제자들과 만찬할 새
너희 중 나와 함께 먹는 자가 나를 팔리
그 사람 안 태어남이 좋았을 것 차라리

예수님 제자들과 최후 만찬 함께하셔
떡 들고 감사기도 이것이 내 몸이라
이 잔은 사람들 위한 언약의 피 이니라

너희가 나 버리나 부활해서 갈릴리에
베드로 저는 절대 부인하지 않습니다.
오늘밤 닭 두 번 울 때 부인 하리 세 번을

예수님 괴로워서 겟세마네 기도할 새
아버지 뜻대로 하옵소서, 세 번 기도
인자가 죄인의 손에 팔리우리 이제는

예수께 가룟 유다 랍비여 입 맞추니
서기관 대제사장 많은 사람 예수 체포
제자들 예수 버리고 혼비백산 도망해

예수님 죽이려고 증거 찾는 대제사장
몇 사람 거짓 증언 예수님 침묵하셔
*메시야, 내가 그니라 이 말씀에 십자가
*메시야(Messiah) : 히브리어 우리말 구세주 그리스어로 그리스도(Christ)
 한자어 기독(基督)

베드로 불을 쬘 때 여종과 사람들이
당신도 예수한 패 이말 듣고 세 번 부인
그때에 닭 두 번 울 자 통곡하는 베드로

제 15장
예수님 결박당해 빌라도에 끌러가
예수님을 십자가에 바라바는 놓아주고
머리에 가시관 씌워 온갖 모욕 당하셔,

*시몬이 십자가 대신지고 골고다로
예수님 유대인 왕 죄패 붙여 십자가에
사람들, 그리스도야, 내려오라 조롱해
*구레네 사람 시몬으로 알렉산더와 루포의 아버지

*제육시 온 땅 위에 어두움이 *구시까지
*엘로이 엘로이 라마사박다니
예수님 숨 거두시자 성전휘장 찢어져
*육시 : 우리나라 시간 낮 12시
*구시 : 우리나라 시간 오후 3시
*하나님 나의 하나님 왜 나를 버리셨습니까

*요셉이 빌라도에 예수 시체 달라 해서
예수님 바위 무덤 속에 넣고 돌로 막자
막달라 마리아와 *마리아가 보더라
*아리마대사람 요셉
*요세의 어머니 마리아

제 16장
막달라 마리아와 *마리아와 살로메
*안식 후 첫날 일찍 예수 무덤 찾았더니
무덤 속 청년말하길 예수님은 부활해
*마리아 : 야고보의 어머니
*안식일 : 지금의 토요일

예수님 *일요일에 *마리아에 보이시고
두 제자 시골 갈 때 그들에게 보이시고
두 사람 예수 부활을 전했으나 안 믿어
*안식 후 첫날 : 지금의 일요일
*마리아 : 막달라 동네의 마리아. 막달라 마리아

예수님 열한 제자 식사 때 나타나사
제자들 믿음 적고 마음 완악 꾸짖고서
너희는 온 세상 나가 복음 전파 만민에

믿으면 구원받고 안 믿으면 정죄 받아
예수를 믿으면 각종 기적 일어나리
예수님 하늘 오르사 하나님의 우편에

누가복음

福音
Luke

三. 누가복음

■ 저자 : 누가(Luke)
■ 주제 : 사람의 아들로 오신 예수님
■ 기록연대 : 주후(A.D.) 60~62년경
■ 주요인물 : 예수, 세례 요한, 예수의 제자들
■ 내용

사랑받는 의사로 불리는 누가에 의해 기록된 이 책은 예수님의 생애에 관해 들려주고 있다. 예수님이 어떻게 태어나셨고, 무엇을 가르치셨으며, 어떻게 활동하시다가 죽으셨는지, 그리고 어떻게 다시 살아나서 하늘로 올라가셨는지에 관해 말해주고 있다. 특별히 누가는 사람의 아들로 이 땅에 오신 예수님의 모습에 초점을 맞추어 묘사하고 있다.

제 1장

사가랴 제사장 때 가브리엘 천사만나
네 아내 엘리사벳 아들 잉태 이름요한
그 아이 태어나도록 말 못하는 사가랴

동정녀 마리아가 요셉과 약혼한 후
성령으로 아들 잉태 하나님의 아들이라
이름을 예수라 하라 마리아가 순종해

만세에 복을 주고 자비를 베푸시고
천한 자 높이시고 굶주린 자 배불리셔
이같이 마리아 기뻐 하나님을 찬양해

만삭의 엘리사벳 아들을 낳았는데
사가랴 *서판(書板)에다 요한이라 이름쓴 뒤
사가랴 혀가 풀리며 하나님을 찬양해

*서판 (tablet)

사가랴 요한에게 하나님의 예언자가
주(主)보다 미리 와서 주님의 길 준비하여
백성의 죄 용서 받는 구원의 길 전하라

제 2장
*가이사 아구스도 인구조사 명령하자
만삭된 마리아도 요셉과 베들레헴
여관에 방이 없어서 예수 낳아 구유에

*가이사 아구스도(Kaesar Augustus) : B.C 63-AD14) 율리우스
  카이사르 양자로 로마제국의 첫황제. 본명은 가이우스 옥타비아누스(Gaius
  Octavianus)

목자에 주의 영광 다윗 동네 그리스도
하늘엔 하나님 영광 땅에서는 평화로다
천군(天軍)들 하나님 찬양 목자들이 찾아와

*모세의 율법따라 아기 예수 예루살렘
시므온 아기 예수 하나님이 세우신 분
예수님 강하여지고 지혜 은혜 충만해
*모세율법 : 레위기 12:1~6

예수님 열두 살 때 유월절에 예루살렘
성전서 문답할 새 그의 부모 예수 찾자
왜 나를 찾았습니까 아버지집 거하매

제 3장
*디베료 십오 년 때 빌라도가 총독으로
요한이 물로 세례 뒤에 올 이 불로 세례
*헤롯의 불륜 책망한 세례요한 감옥에
*디베료(Tiberius) : 로마 제2대 황제(B.C42~A.D42)
*분봉왕 헤롯은 제수 헤로디아를 부인으로 취함

백성들 세례 받고 예수님도 세례받자
하늘이 열려지며 성령이 비둘기같이
하늘서 내 사랑하는 아들 너를 기뻐하노라

예수님 삼십 세에 복음 사역 시작하셔
하나님 아담부터 아브라함 다윗 지나
예수님 칠십사대 후 구세주로 탄생해

제 4장
예수님 광야에서 사십일간 금식할 새
마귀가 예수님께 돌덩이를 떡 만들라
*사람이 떡으로만 사는 것이 아니라

*신명기 8:3

마귀가 예수께 천하 만국 보이면서
나에게 절 하며는 모두 네 것 될 것이라
*나의 주 하나님께만 경배하고 섬기리

*신명기 6:13

마귀가 예수님을 성전위에 세워놓고
하나님 아들이면 이곳에서 내리뛰라
*하나님 시험을 하지 말지니라 기록돼

*신명기 6:16

예수님 성령 충만 갈릴리서 가르치고
나사렛 회당에서 말씀을 전하시니
사람들 예수님 배척 고향에서 쫓겨나

귀신이 들린 사람 각종 병자 고치시고
*시몬의 장모 열병 꾸짖어 병을 치료
예수님 동네 다니며 복음 전파 하시다

*시몬 : 베드로를 말함

제 5장
예수님, 시몬에게 깊은 곳에 그물 던져
그물을 내렸더니 고기 많이 잡힌지라
예수님, 무서워 말라 네가 사람 취하리

예수님 나병환자 깨끗함을 받을지라
침상의 중풍병자 지붕 뚫고 예수님께
네 죄를 용서했느니 침상 들고 가거라

*레위를 제자 삼고 레위집서 잔치하니
서기관 바리새인 세리 죄인 함께하나
의인을 부르지 않고 죄인 부르러 왔노라
*레위 : 마태

요한과 바리새인 제자들 금식 기도
*신랑과 함께할 때 금식하지 않느니라
예수님 말씀하시길 새 포도주 새 부대
*신랑 : 예수님

제 6장
예수님 제자들이 밀 이삭 잘라먹자
안식일 금한 일을 어찌하여 행하느냐
예수님 바리새인에 안식일 주인 인자(人子)라

예수님 안식일에 손마른이 고치시고
안식일 선한 일과 생명구함 옳으니라
서기관 바리새인들 예수해(害)할 의논해

예수님 열 두 사도 베드로와 안드레
요한과 야고보 빌립 마태 바돌로매
도마와 *시몬 *야고보 *유다와 가룟 유다

*시몬 : 셀롯 사람 시몬으로 열심단원
*야고보 : 알패오의 아들 일명 소(小)야고보
*유다 : 야고보의 아들. 다대오와 동일인물

주린 자 복 있나니 너희가 배 부르리
우는 자 복 있나니 너희가 웃으리라
인자(人子)로 핍박받으면 너희상(賞)이 큼이라

화(禍)있다 부요한 자 너희가 주리리라
웃는 자 화있으리 너희가 애통하리
화있다, 칭찬받는 자 거짓 선지 그들이

원수를 사랑하며 저주할 때 축복하라
한쪽 뺨 때리거든 다른 뺨도 돌려대고
대접을 받고 싶으면 남을 대접 하여라

너희는 사람 사랑 죄인처럼 하지마라
죄인도 저들끼리 사랑을 하느니라
하나님 자비로우듯 자비하라 너희도

너희가 비판하면 남들도 너희 비판
너희가 용서하면 남들도 너희 용서
주어라 그리 하며는 넘치도록 받는다

형제의 눈 속의 티 네 눈 속엔 *들보 있다
나무는 열매보면 그 나무를 알 수 있듯
사람도 행실을 보면 그 사람을 알리라
*들보 (crossbeam) : 일명 대들보

입으로 주님, 주님 주님 말씀 실천 않나
말 듣고 실천하면 반석위의 집 같으며
말 듣고 실천 안하면 주추 없는 집 같아

제 7장
백부장 병든 종을 예수께 고쳐달라
'나으라'한 말씀만, 어찌 감히 저희 집에
진실로 이만한 믿음 만나보지 못했다

나인성(城) 과부 아들 죽어서 장례할 때
예수님 과부에게 울지 마라 위로하고
청년아 일어나거라 한 말씀에 살아나

요한의 제자들이 *오실이가 당신인가
나를 의심하지 않는 자 복이 있다
*지혜는 받아들이는 자 옳다함을 얻느니
*메시야(그리스도)
*하나님

한 여인 예수님 발 향유 부어 머리칼로
많은 돈 탕감해준 그 사랑 큰 것처럼
여자의 많은 죄를 믿음 보고 용서해

시조로 읽는 모세5경 4복음서

제 8장
농부가 씨 뿌릴 새 길가, 바위, 가시덤불
새들이 와서 먹고 말라죽고 못자라나
좋은 땅 떨어진 씨앗 백배 결실 하느니

씨앗은 말씀이라 마귀가 말씀 뺏고
시련 오면 배반하고, 세상 향락 결실 못해
바르고 착한 마음은 말씀 듣고 결실해

등잔대 등불 올려 사람들 빛을 보게
숨은 것 드러나고 감추인 것 알려지니
가진 자 더 받게 되고 없는 자는 빼앗겨

예수님 제자들과 배를 타고 호수 저편
폭풍에 배가 위험 성난 파도 꾸짖으셔
예수님 제자들에게 너희 믿음 어디에

한 사람 귀신들려 무덤 사이 거하거늘
예수님 *군대귀신 돼지 떼에 들어가라
그 사람 정신 맑아져 온 마을에 전파해
*군대 : 레기온(6,000명)

회당장 야이로가 죽는 딸 살려 달라
도중에 혈루병자 옷깃 잡아 고침 받고
소녀야 일어나거라 죽은 아이 살리셔

제 9장
제자들 권능 받고 귀신 쫓고 병 고칠 새
두 벌 옷 양식, 배낭 지팡이도 갖지 말라
누구든 영접 않거든 신발 먼지 떨어라

벳세다 광야에서 음식 없고 숙소 없자
떡 다섯 물고기 두 마리 축사(祝謝) 후에 남자 오천
배불리 모두 먹고서 열 두 광주리 남았네

시조로 읽는 모세5경 4복음서

예수님 제자들에 사람들이 나를 누구
엘리야 세례요한 선지자라 하더이다
베드로 대답하기를 그리스도 하나님

예수님 고난 받고 죽은 후에 부활 하리
자기를 부인하고 십자가지고 나따르라
누구든 나를 위하여 희생하면 구원돼

산에서 기도할 때 예수님 빛난 광채
제자들 예수님께 이곳에 초막 셋을
구름 속 들리는 음성 내아들말 들어라

한사람 외아들이 귀신들려 경련하자
제자들 능력 없어 귀신을 못 쫓아내
예수님, 너희들 *패역 언제까지 참을꼬

*패역(悖逆, perverse) : 괴팍한, 고집센, 사악한, 인류에 어긋나고 불순한

—

인자가 사람 손에, 제자들 못 깨닫고
제자들 서로 큰 자 예수님 아시고서
누구든 *소자(小子)영접이 하나님과 나 영접(迎接)
*어린아이

예수님 승천하실 때가 차서 예루살렘
*사자(使者)를 사마리아 한 동네 미리 보내
그들이 안 받아들여 다른 마을 가시다
*심부름 하는 사람

예수께 어떤 사람 어디든지 따르리라
여우도 굴이 있고 새들도 집이 있다
인자는 머리 둘 곳도 없느니라 하시다

어떤 이 아비 장례 어떤 이는 가족 작별
예수님 죽은 자는 죽은 자가 장사하고
쟁기잡고 뒤돌아 보면 하나님 나라 못 간다

제 10장
일꾼이 적으니라 추수할 것 많은데
너희를 보내는 것 이리 속에 양들이라
그들이 영접하거든 천국 복음 전하라

*고라신 벳세다 가버나움 회개 않자
소돔과 두로. 시돈 너희들이 나으니라
제자의 말 듣는 것이 내 말을 곧 듣는 것

*고라신(Koeazin) : 갈릴리 지방의 고을로 예수께서 권능을 가장 많이
베푸셨으나 회개하지 않았음

제자들 칠십 명이 전도하고 돌아오자
사탄과 원수 능력 너희들을 못 해친다
그러나 너희 이름이 천국 기록 기뻐해

율법사 예수님께 내 이웃이 누구니까
한 사람 여리고로 내려가다 강도 만나
죽게 된 그 사람에게 자비 베푼 이 네 이웃

———

한 사람 강도 만나 거의 죽게 되었는데
제사장, 한 레위인 보고도 그냥 지나
여행 중 *사마리아인 치료하고 돌보아
*유대인 사이에서 경멸을 나타내는 용어이자 사람. 예수님은 선택받은
 제사장. 레위인보다 선행을 베푼 사마리아인을 참된 이웃이라고 하심

마르다 예수님을 자기 집에 모셔 들여
*마리아 말씀 듣고 마르다는 접대 준비
마리아 잘 하였도다 한가지만도 족하다
*마르다의 동생

제 11장
예수님 제자들에 이렇게 기도하라
아버지여 이름이 거룩히 여김 받으시오며
나라가 임하시오며 우리에게 날마다 일용할

양식을 주시옵고 우리가 우리에게 죄지은
모든 사람을 용서하오니 우리 죄도 사하여 주시옵고
우리를 시험에 들게 하지 마시옵소서

구하라 찾으라 두드리면 주시느니
악한자 자식에게 좋은 선물 주거니와
하물며 하나님께서 성령 주지 않으리

예수님 귀신 쫓아 벙어리가 말을 하자
*사탄의 도움이라 예수님을 비방하니
나함께 하지 않는 이 나를 반대 하느니
*바알세불, 마귀, 악마

군중 속 한 여자가 예수님께 큰소리로
당신을 낳고 기른 그분은 행복하다
말씀을 듣고 지킨 이 복되도다 오히려

이 세대 악하여서 기적을 보여 달라
요나의 전도 듣고 니느웨인 회개하듯
보아라. 요나보다도 여기 있다 *더 큰 자(者)
*예수님

등불이 등잔대 위 모든 사람 그 빛 보듯
너의 눈 몸의 등불 눈 밝으면 몸도 밝아
네 속에 어두운 빛이 전혀 없게 하여라

예수님 식사 전에 손을 씻지 않으시자
예수님, 바리새인 겉은 깨끗 속은 악독
채소의 십일조 바치며 하나님 사랑 버렸다

남에겐 어려운 짐 손끝 까딱 안한 너희
지식의 열쇠가지고 너희도 안 들어가
남들도 못 들어가게 화있으라 서기관

제 12장
감춘 것 드러나고 숨긴 것 알려진다
어둔 곳 말한 것이 밝은데서 들리리라
골방서 속삭인 말도 지붕위서 전파돼

벗들에 말하노라 몸 죽인 자 두려말고
지옥의 권세 있는 그분이 두려우니
성령을 모독하는 자 용서받지 못하리

부자가 새 곳간에 많은 곡식 쌓아두고
자기의 영혼에게 편히 먹고 즐겨 놀자
하나님, 너희 영혼을 오늘밤에 취하리

목숨을 위하여서 먹고 입을 걱정 말라
솔로몬 영광이 백합화만 못하니라
너희는 먼저 구하라 하나님의 나라를

주인이 결혼식에 참석하고 집에 올 때
불 밝혀 기다리다 문열어주는 종같이
너희도 인자가 올 날 준비하고 있으라

청지기 주인 집안 잘 돌보면 복을 받되
청지기 주인 더디 올 것이라 나쁜 행위
갑자기 주인이 와서 청지기를 벌하리

세상에 화평 아닌 분쟁 주려 왔느니라
가족들 분쟁하니 세상 징조 분간하라
법관에 고발자와 갈 때 화해부터 하여라

제 13장
빌라도에 죽은 사람 실로암 망대 죽은 사람
죄 많아 죽었다고 생각하지 말지니라
너희들 회개 안하면 그와 같이 망한다

주인이 무화과 열매 없자 자를지라
포도원 지키는 이 한 해만 더 봐주십사
그래도 열매 없으면 그때 가서 찍어내

십팔 년 불구 여인 예수님 고치시자
회당장 안식일에 병 고치지 말지어다
너희들 가축 먹이며 사람은 왜 못 고쳐

천국은 겨자 한 알 크게 자라 새 깃들듯
천국은 밀가루를 부풀리는 누룩 같다
예수님 도시와 마을 다니시며 가르쳐

너희는 좁은 문에 들어가기 힘을 쓰라
닫힌 문 밖에 서서 열어 달라 졸라대도
너희가 어디서 온 것 나는 알지 못한다

헤롯이 예수님을 죽이려고 계획할 새
*여우에 말 하여라 예루살렘 죽게 마련
너희는 나를 원했다 나는 너희 품었고
*헤롯왕

제 14장
예수님 안식일에 바리새파 사람 집에
한사람 수종병을 고쳐주고 하시는 말
우물 속 아들이나 소(牛) 구해내지 않으랴

잔치 집 초대 시에 높은 자리 앉지 마라
끝자리 앉으며는 초대자가 윗자리로
높이면 낮아지니라 낮아지면 높이 돼

식사에 형제 친척 부자 이웃 초청 말라
그들이 너를 초청 도로 갚을 것일진대
차라리 없는 자들과 맹인 대접 하여라

시조로 읽는 모세5경 4복음서

어떤 이 큰 잔치에 많은 사람 초청하니
밭 사고 소를 사고 결혼해서 못가노라
청함을 받은 사람들 잔치참여 못하리

누구든 내 제자는 부모형제 처자식과
자기의 생명보다 나를 사랑 할지니라
자기의 십자가지고 나 따라야 제자 돼

내 제자 자기 소유 다 버려야 제자 되고
소금은 좋지마는 만일 그 맛 잃을지면
들으라 귀 있는 자들 쓸모없이 버려져

제 15장
백 마리 양가진 자 한 마리 잃게 되면
한 마리 양을 찾아 어깨 메고 잔치하듯
한 죄인 회개 하며는 하늘에서 기뻐해

한 여인 *드라크마 열 개 중 하나 잃자
불 밝혀 찾아내고 이웃 불러 즐기듯이
한 죄인 회개 하며는 천국 사자(使者) 기쁨 돼.
*헬라(그리스)의 돈 단위

어떤 이 두 아들 중 둘째 아들 재산 분배
그 아들 먼 나라에 허랑방탕 재산 낭비
탕진 후 *돼지먹이로 배 채우며 후회해
*쥐엄나무 열매

탕자는 하나님과 아버지께 죄 고백 후
돌아가 아버지께 품꾼으로 써주소서
아버지 먼 거리에서 달려가서 껴안아

아들에 좋은 옷 손가락지 발에 신발
송아지 잡아서 잔치하고 기뻐하며
내 아들 죽었다 살고 잃었다가 얻었다

맏아들 밭일하고 집에 오니 춤과 노래
하인이 당신 동생 돌아와서 잔치 한다
어찌해 아버지께서 탕자에게 이런 일

아버지 맏아들에 너는 나와 항상 함께
내 것이 모두 네 것, 네 동생 맏아들여
죽었다 살아났으니 기뻐함이 마땅해

제 16장
불의한 청지기 주인이 해고하려
빚진 자 모두 불러 청지기가 *탕감*사주
그 주인 작은일 충성 큰 일에도 충성돼

*탕감(蕩減) : 빚 따위를 없이 해줌.
*사주(使嗾) : 어떤 일을 하거나 마음이 움직이도록 남을 부추김. 여기서는
  주인에게 빚진 이들의 빚진 내용을 적게 빚졌다고 양(量)을 줄여주는 행위

하인이 두 주인을 섬기지 못하나니
재물과 하나님을 겸해서 못 섬긴다
비웃는 바리새인에 하지마라 옳은 체

율법과 선지자는 세례요한 때까지라
그 후엔 복음 전파 율법 한 점 안없어져
천지가 없어지는 것 쉬우니라 오히려

한 부자(富者) 호의호식 지옥에서 고통당해
거지 나사로는 죽어서 아브라함 품
부자는 지옥불에서 물 한 모금 주소서

모든 것 누린 부자 나사로는 온갖 고통
큰 구렁 우리 사이 오고 갈 수 없느니라
그 부자 오형제에게 알려 주오 이 고통

시조로 읽는 모세5경 4복음서

부자가 말하기를 아버지 아브라함이여
죽었다 산 사람 말 들으면 회개할 터
죽은 자 살았다 해도 안 믿는다 그들은

제 17장
어린이 하나 실족 맷돌 걸고 바다 속에
일곱 번 죄진 형제 그때마다 그를 용서
겨자씨 한 알 믿음에 뽕나무도 바다로

밭 갈고 양치고서 집에 온 하인들이
주인의 식사 준비 시중들고 순종하듯
너희도 명령 행한 뒤 무익 한 종 말하라

예수님 나병환자 열 명을 고쳤는데
한사람 엎드리어 예수께 감사하니
열 사람 다 고쳤는데 어디 있나 아홉은

천국이 어디 있나 바리새인 물을 때에
여기에 저기에 있다고도 못하리니
천국은 네 안에 있다 볼 수 있게 안 온다

인자가 올 때에는 번개 번쩍 하듯 온다
인자는 고난 받고 사람들에 버림받아
노아나 롯의 때같이 인자 옴도 그같이

인자가 올 때에는 뒤돌아 보지마라
살려면 목숨 잃고 잃게 된 자 살리라
주 말씀 주검 있는 곳 독수리가 모이니

제 18장
재판장 사람 무시 하나님 안 두려워
한 과부 원한호소 그 재판장 풀어주듯
너희는 늘 기도하면 응답하리 모든 것

십일조 금식자랑 기도하는 바리새인
세리는 *통회자복 가슴 치며 기도하니
세리가 의로우니라 낮아진 자 높아져

*통회(痛悔) : 지은 죄를 깊이 뉘우침
 자복(自服) : 저지른 죄를 자백하고 복종함

안수를 받으려고 예수께 온 어린이를
어린이 내게 옴을 용납하고 막지 말라
천국을 어린이같이 받아들일 지니라

한 관리(官吏) 예수님께 어찌해야 영생 얻나
십계명 다 지키고 재산 팔아 없는 자에
그 사람 큰 부자이매 근심하고 돌아가

부자가 천국가기 낙타가 바늘구멍
베드로 우리의 것 다 버리고 주님 따라
모든 것 버리고 따른 자 현세(現世)복과 영생을

예수님 열두 제자 예루살렘 올라가셔
인자가 채찍 맞고 이방인에 죽은 뒤에
삼일 후 부활하리라 못 깨닫는 제자들

맹인이 외치기를 다윗자손 예수시여
무엇을 원하느냐, 보기를 원합니다
네 믿음 너를 구원해 그 말씀에 눈을 떠

제 19장
예수님, 삭개오야 뽕나무서 내려오라
삭개오, 예수 영접 재산 절반 없는 자에
인자는 잃은 자 찾아 구원하러 왔노라

주인이 타국(他國)떠나며 종들에게 *열 므나씩
왕(王)되어 돌아와서 종에 준 돈 계산할 때
종들이 각각 남긴 돈 열과 다섯 한 므나

*므나(Menah, Mina) : 약 일백 드라크마 1드라크마 금 3~4g
열 므나 다섯 므나 남긴 종 충성된 종
남기지 못한 종은 악하고 게으른 종
남긴 자 더 받게 되고 못 남긴 자 빼앗겨

예수님 예루살렘 나귀타고 입성할 때
길 위에 겉옷 펴고 주 이름 오시는 왕
사람들 잠잠하며는 저 돌(石)들이 소리내

예수님 예루살렘 성을 보고 우시면서
원수들, 네 자녀들 완전 멸망 시키고서
돌 위에 돌 하나라도 남겨두지 않으리

예수님 성전에서 장사꾼들 쫓아내고
내 집은 기도의 집 강도 소굴 만들었다
서기관 대제사장이 예수 죽일 음모해

제 20장
예수여, 무슨 권세 이런 일을 행하는가
사람과 하나님 중 어디서 왔나 요한 세례
서기관 말을 못하자 나도 할 말 안 한다

포도원 주인이 *소작인에 내 몫 달라
주인이 보낸 종과 *아들까지 죽임당해
주인이 소작인 진멸 그 포도원 타인에

*소작인 : 서기관과 대제사장
*아들 : 예수님

겉모양 보지 않고 진리로 가르치니
세금을 *가이사에 바치는 것 옳으니까
가이사에 가이사의 것 하나님것 하나님께

*로마황제

형수를 칠 형제가 부인 삼고 모두 죽어
부활 때 그 여인은 누구의 아내인가
산자의 하나님이자라 천사처럼 동등해

서기관 주의하라 그들은 긴 옷 입고
시장서 인사 받고 높은 자리 좋아하니
과부의 재산 빼앗고 길게 기도 하느니

제 21장
부자와 과부가 헌금궤에 헌금할 새
과부는 두 렙돈 예수님 보시고서
생활비 전부한 헌금 누구보다 많도다

성전이 돌 위에 돌 남지 않고 무너지리
내가 곧 그리스도 그때가 왔다 해도
아무도 속지 말아라 당장 종말 안 온다

환난 날 민족 나라 대적하여 싸우겠고
지진과 굶주림과 전염병 발생 하리
큰 징조 하늘로부터 무서운 일 있으리

내 이름 인하여서 너희들 감옥 가고
심지어 부모형제 친척까지 너희 고발
그러나 머리털 하나 안 상하고 구한다

군대가 예루살렘 에워싸면 멸망 온다
이때가 형벌의 날, 포로 되고 죽임당해
그때에 구름 탄 인자(人子) 영광으로 오리라

여름이 가까운 줄 무화과나무 싹이 나면
세상의 여러 징조 천국이 가까이
천지는 없어지지만 안 없어져 주 말씀

방탕과 술 취함과 생활 염려 마음부터
종말이 덫과 같이 지구상의 모든 사람
언제나 깨어 기도해, 설 수 있게 주 앞에

제 22장
서기관 대제사장 예수님 죽일 음모
사탄이 가룟 유다 예수님 팔려할 새
저희가 기뻐하면서 돈 주기로 약속해

예수님 사도들과 다락방의 최후 만찬
떡 들고 감사기도 너희 위한 내 몸 이다
식사 후 잔을 드시고 피로 세운 새 언약

제자들 말다툼 누가 가장 위대하냐
너희는 세상의 집권자와 다르니라
너희는 어린이 같고 종 같아야 하느니

*시몬아, 사탄이 밀까불듯 너희 요구
네 믿음 지키도록 너 위해 기도했다
베드로 주와 함께 옥에도 죽는데도 갑니다
그러나, 닭 울기 전에 세 번 나를 부인해
*시몬:베드로

예수님, 감람산서 피땀 흘려 기도할 때
아버지, 고난의 잔 내게서 옮기소서
그러나 내 뜻이 아닌 아버지의 뜻대로

예수님 유다에게 입 맞추고 날 파느냐
제자 중 한 사람이 종의 귀 칼로 잘라
종의 귀 붙여주시고 강도 잡듯 예수 잡아

예수님 체포될 때 베드로 멀찌감치
사람들 너도 한 패 세 번씩 부인하고
예수님 말씀 생각나 심히 통곡 하니라

서기관 대제사장 예수님을 심문하자
하나님 아들이다 하나님의 오른편에
그러자 그들 말하길 신성모독 그 증거

제 23장
예수 그리스도 왕이라고 고발하자
빌라도 예수님께 유대인의 왕이더냐
이사람 아무 죄 없다 헤롯에게 보내어져

헤롯이 예수님께 여러 말 물었으나
예수님 침묵하사 대제사장 고소하니
헤롯이 예수님 조롱 빌라도에 또 보내

빌라도 말하기를 예수는 죄가 없다
*바라바 살려주고 예수는 십자가에
사람들 큰소리 외쳐 빌라도가 굴복해

*바라바 : 폭동과 살인죄로 감옥에 갇힌 사람

예수님 십자가를 시몬이 대신지고
날 위해 울지 말고 자녀위해 울을 지라
유대인 마른 나무라 온갖 고통 당한다

골고다 십자가에 예수님 못 박히셔
자기의 하는 것을 알지 못하나이다
두 명의 사형수들도 각각 우편좌편에
예수님, 아버지여 저희를 사(赦)하여 주옵소서

사람들 비웃으며 자신부터 구원하라
한 죄수 당신 나라에 임할 때에 나를 기억
진실로 네게 이르니 나와함께 낙원에

어두움 임하기를 *제 육시서 *구시까지
성소의 휘장이 한가운데 찢어지고
내 영혼 아버지 손에 맡깁니다 운명(殞命)해
*지금의 낮 12시
*지금의 낮 3시

백부장, 예수님이 정녕 의인(義人) 이었도다
군중들 그 일 보고 가슴치며 돌아가고
갈릴리 따라온 여자 멀리서서 보도다

요셉은 공회의원 아리마대 출신이라
예수의 시체 달라 빌라도에 요구해서
세마포 고이 입혀서 새 무덤에 모시네

그날은 안식일을 준비하는 금요일
예수님 함께 따라 갈릴리서 온 여인들
예수님 무덤 확인 후 향품 향유 준비해

제 24장
안식 후 *첫날 새벽 무덤 돌문 옮겨지고
무덤 속 두 사람이 찾아간 여자들에
예수님, 계시지 않고 살아나셨느니라
*첫날새벽 : 주일(主日), 일요일 새벽

———

두 제자 엠마오로 그들에게 예수님이
그들과 떡도 떼고 성경 풀어 주실 때에
그들의 눈이 밝아져 예수님을 알아봐

예수님 열한 제자 평강이 있을지라
의심한 제자들에 내 손과 발 만져보라
먹을 것 생선 한 토막 그앞에서 잡수셔

예수님 제자들에 성경을 깨닫게 해
죽은 자 가운데서 부활한 것 증인되라
너희는 능력 받기 전 *이 성(城)에서 머물라
*예루살렘성

예수님 제자들과 베다니에 나가시어
손들어 축복한 후 하늘 위로 올라가셔
제자들 경배하고서 예루살렘 돌아가

요한복음

—

福音
Johannes

四. 요한복음

■ 저자 : 요한(John)
■ 주제 : 예수님은 하나님의 아들이시다
■ 기록연대 : 주후(A.D.) 80~90년경
■ 주요인물 : 예수, 세례 요한, 예수의 제자들
■ 내용

예수님의 사랑받는 제자인 사도 요한에 의해 기록된 이 책은 우리에게 예수님에 관한 이야기를 들려주고 있다. 특히 요한은 예수님이 '하나님의 아들'이심을 증거하고 있다. 예수님은 처음부터 아버지 하나님과 함께 계셨고, 아버지의 보내심을 받고 이 땅에 오셔서 우리의 구원을 위해 일하신 후에 다시 아버지 하나님께로 돌아가셨음을 말해주고 있다.

제 1장

태초에 말씀 계셔 이 말씀이 곧 하나님
그 안에 생명 있어 사람들의 빛 이로다
어둠에 빛이 비치되 못 깨닫는 사람들

*요한이 빛을 증언 사람들 영접 안 해
영접해 믿는 자는 하나님 자녀권세
말씀이 육신이 되어 은혜 진리 충만해
*세례요한

요한이 사람들에 증언하며 외치기를
나보다 뒤에 온 이 나보다 먼저 계셔
독생자 하나님이신 그리스도 예수라

요한이 그리스도 엘리야도 아니니라
물세례 나는 주고 뒤 오는 분 그리스도
그분의 신발의 끈도 감히 풀기 어렵다

요한이 예수님을 먼저 계신 그분이라
세상 죄 지고 가는 하나님의 어린양
세례를 물로 주는 것 이스라엘 나타냄

요한이 물로 세례 예수님께 베풀 순간
성령이 비둘기같이 내려와서 예수 위에
예수님 성령의 세례 하나님의 독생자

요한이 예수 보고 하나님의 어린양
두 제자 그말 듣고 예수를 따르거늘
예수님 와서 보아라 안드레가 따르네

안드레 *시몬 찾아 메시야 만났노라
시몬을 데리고서 예수께로 나아오니
예수님, 이르시기를 너는 장차 *게바라

*베드로(반석), 시몬 같은 인물

예수님 빌립 만나 제자를 삼으시고
빌립은 나다나엘이 그리스도 만났노라
나사렛 무슨 선한 것 날 수 있나 말을 해

예수님 나다나엘 오는 것을 보시고서
참으로 나다나엘 간사함이 없느니라
전부터 무화과나무 아래 있을 때 보았다

예수님 하나님 아들 이스라엘 왕이라고
고백한 나다나엘 더 큰 일 보리로다
인자(人子)위 하나님 사자(使者) 오르내림 보리라

제 2장
가나에 혼인잔치 예수님과 제자들도
포도주 없다하니 항아리에 물 채우라
그물이 포도주 되어 처음 기적 행하셔

유월절(逾月節) 가까워서 예수님 예루살렘
성전 안 소와 양과 비둘기 돈 바꿀 새
내 집은 장사하는 집 아니니라 하시니

너희가 성전 헐면 삼일 만에 일으키리
사십육 년 지은 성전 어찌 삼일 다시 짓나
예수님 삼일 후 부활 가리켜서 한 말씀

제 3장
한밤 중 니고데모 예수님을 찾아올 새
사람이 거듭나야 천국을 볼수 있다
성령과 물로 나야만 갈 수 있다 천국에

하나님 세상을 이처럼 사랑하사
독생자 주셨으니 그를 믿는 사람마다
멸망치 아니하고서 영생 얻게 하신다

예수님 이 세상을 구원하려 오셨으며
믿는 자 심판 없고 안 믿으면 심판받아
진리를 따르는 자는 오느니라 빛으로

*요한도 세례주고 예수님도 세례주니
사람들 예수께로 모두 가서 세례 받아
요한이 그는 흥(興)하고 나는 쇠(衰)함이니라
*세례요한

하나님 보내신 이 만물 위에 계시면서
하나님 말씀하고 성령이 끝이 없어
아들을 믿는 자들은 영원토록 살리라

제 4장
예수님 사마리아 수가 마을 우물곁에
물 긷는 여인에게 물을 달라 하시니
어찌해 사마리아인에 물을 달라 합니까

여인아, 네가 나를 누군지 알았다면
나에게 생수 달라 하였을 것이리라
영원히 목마르지 않는 생수 네게 주리라

예수님 이르시길 아버지께 예배할 때
예배는 아버지께 참되게 드릴지니
하나님, 영(靈)이시니라 영과 진리 예배해

물동이 버려두고 여인이 동네 가서
이분을 와서 보라 그리스도 이시니라
사람들 동네서 나와 예수께로 오더라

예수님 나의 양식 하나님 일 이루는 것
눈 들어 밭을 보라 추수 때가 되었도다
수고는 딴사람하고 거두는 이 너희들

여인의 말을 듣고 사마리아인 믿었으나
예수님 자기 동네 머물기를 요구하며
이제는 말씀을 들어 구주임을 믿게 돼

선지자 고향에서 높임 받지 못하노라
한 신하 아들의 병 말씀으로 고치시니
예수님 갈릴리에서 둘째 기적 행하셔

제 5장
예수님 예루살렘 양문(羊門)곁 베데스다
병든지 삼십팔 년 앓고 있던 환자 치료
아버지 일하시나니 안식일에 나도 해

하나님 아들에게 심판을 맡기시고
말씀과 하나님을 믿는 자는 영생 얻고
죽은 자 아들의 음성 들을 때는 살리라

인자로 말미암아 심판 권한 주셨으니
선한 일 행한 자는 생명으로 부활하고
악한 일 행한 사람은 심판 부활 나온다

아버지 *나 위하여 친히 증언 하셨나니
성경이 내게 대해 증언하는 것 이니라
모세를 믿었더라면 또한 나를 믿으리
*예수님

제 6장
예수님, 빌립에게 많은 사람 먹게 하나
안드레 한 아이에 오병이어 있나이다
남은 것 열두 바구니 먹은 사람 오천 명

시조로 읽는 모세5경 4복음서

제자들 배를 타고 가버나움 향해 떠나
밤 깊자 강한 바람 예수님은 늦게 오셔
바다 위 걸어오시며 두려말라 나니라

너희들 영생 양식 위하여 일을 하라
어떻게 하여야 하나님 일 하오리까
하나님 *보내신 이를 믿는 것이 하나님 일
*예수님

예수님, 내가 곧 생명의 떡 이니라
내게로 오는 자는 굶주리지 않겠으며
믿는 자 목 안마르고 내쫓기지 아니해

아들을 믿는 자는 영생을 얻게 되고
그들은 마지막 날 다시 살릴 것일진대
이것이 하나님의 뜻 너희들은 알지라

믿는 자 영생 소유 예수님이 생명의 떡
*내 살은 참된 양식 *내피는 참된 음료
살과 피 먹고 마시면 영원토록 살리라
*성례식 때 떡과 포도주

제자 중 불신자와 배반자들 떠나가고
너희도 가려느냐 베드로는 주와 함께
너희 중 마귀 한사람 가롯 유다 가리켜

제 7장
예수님 유대지방 기적을 행하소서
안 믿는 친동생들 예수님께 말을 하니
내 때는 안 이르렀다 너희 먼저 올라가

예수님 *명절중간 성전에서 가르치니
유대인 놀라면서 어떻게 글 아느냐
내 교훈 내 것 아니라 하나님의 것이다

*초막절(Fease of Tambernacles) : 이스라엘 3대 절기 가운데
 마지막 절기, 수장절 또는 장막절 10월초순경 7일 동안 초막에서 지냄

안식일 할례하며 모세 율법 지킨다만
오히려 모세 율법 너희는 안 지킨다
외모로 판단치 말고 공의롭게 판단해

참되신 하나님이 나를 보내셨음이라
유대인 이말 듣고 예수님을 잡으려해
*너희는 나를 못 잡고 *내 있는 곳 못 온다

*십자가 죽으신 후 부활을 말씀하심

누구든 목마르면 내게로 와 마시어라
*배에서 생수의 강 흘러나올 것이니라
어떤 이, 그리스도라 선지자라 말을해
*마음속

예수님 잡아오라 대제사장 바리새인
경비병 대답하길 예수님은 훌륭하다
선지자 갈릴리에서 나올리가 없나니

제 8장
간음한 여인하나 예수님께 끌고 와서
모세의 율법에는 간음한 자 돌로 치라
너희 중 죄 없는 자가 돌로 먼저 치거라

예수님 나는 세상 빛 이니라 말씀하셔
사람들 나 떠나면 생명의 빛 얻으리라
어디서 어디로 가는지 내가 나를 증거해

너희는 세상속해 내 가는 곳 너희 못 와
너희들 나 안 믿어 죄 가운데 죽을 지라
위에서 태어난 나는 이 세상에 안속(屬)해

너희가 내 말대로 살게 되면 참 내 제자
진리를 알게 되면 너희들 자유로워
하나님 속한 자들은 내말 듣고 영생해

제 9장
맹인은 죄 아니고 하나님 일 나타내려
예수님 진흙에 침 눈에 발라 *실로암에
안식일 눈 치료했다 바리새인 아우성
*뜻은 보냄을 받았다. 연못

맹인이 눈떴다고 바리새인 비난하자
예수님 너희가 맹인이면 죄가 없다
본다고 하는 너희들 죄가 그냥 남았다

―

제 10장
양(羊)우리 문 있는데 강절도(强竊盜)는 딴곳 넘어
목자는 자기 양을 이름 불러 인도한다
양들은 주인 음성에 그를 따라 가나니

내가 곧 양들의 문 먼저 온 자 강도 절도
내 양은 나를 알고 양들도 나를 알아
이러매 선한 목자는 양을 위해 목숨 버려

*수전절(修殿節) 예수께서 내 양은 나 따른다
영생을 내가주니 빼앗을 자 없느니라
하나님 나와 하나라 예수님이 말씀해
*수전절(Feast of Dedication) : 유다 마카비가 B.C 165/164년 성전을
  깨끗케 하고 재건하여 새 번제단을 봉헌한 것을 기념하는 축제일

시조로 읽는 모세5경 4복음서

선한 일 아버지 일 안 하며는 믿지 말라
내 안에 아버지가 아버지 안 내가 있다
유대인 *참람하다며 예수님께 돌 들어
*참람(僭濫) : 하나님을 모독

제 11장
마리아 마르다가 나사로가 병들었다
죽을 병 아니니라 하나님 영광위해
나사로 잠들었도다 잠 깨우러 갈지라

나사로 이미 죽어 무덤에서 나흘이라
부활과 생명이니 믿는 자는 영원 생명
예수님 비통해 하사 흘리시니 눈물을

나사로 무덤 앞서 예수님 감사기도
예수님 큰 소리로 나사로야 나오너라
죽은 자 걸어 나오자 풀어주라 베수건

예수님 기적행해 불안해진 유대인들
예수님 죽이려고 *명절 즈음 모의하고
예수님 숨어 다니며 에브라임 머무셔
*유월절(逾月節)

제 12장
나사로 살아나서 잔치 벌인 마르다 집
마리아 *향유 부어 머리털로 예수님 발
가룻인(ㅅ) 유다말하길 향유 팔아 없는 자에
*나드향. 300데나리온 한 데나리온은 하루 품삯.

예수님 나귀타고 예루살렘 입성하자
군중들 호산나 찬송 이스라엘 왕이시여
나사로 살리신 기적 군중들이 증언해

밀 한 알 땅속에서 안 죽으면 그냥 한 알
죽으면 많은 열매 인자가 영광 얻어
누구든 자기의 생명 미워하면 영생해

누구든 나 따르면 하나님 귀히 여겨
예수님 하나님께 나를 구원 하옵소서
아버지, 아버지 이름 영광되게 하소서

땅에서 내가 들려 모든 사람 내게 오리
어둠이 덮치기 전 *빛 가운데 다니어라
너희는 빛을 믿어서 빛의 자녀 될지라
*예수님

기적을 베풀어도 예수님을 안 믿는 척
유대인 지도자도 믿는 이가 많았으니
회당서 쫓겨날까 봐 두려워서 말 못해

예수님 믿는 것은 하나님을 믿는 것이
예수님 믿는 사람 어둠 속에 살지 않아
세상을 심판 안 하고 구원하러 오셨다

제 13장
예수님 유월절 전날 저녁 식사 후에
대야에 물을 떠서 제자들의 발을 씻겨
허리에 두르신 수건 제자들의 발 닦아

네 발을 안 씻으면 나와 너는 상관없다
베드로, 예수님께 손 발 머리 씻어 달라
아니라, 목욕한 사람 발만 씻을 지니라

너희 발 내가 씻어 너희도 서로 발을
너희도 겸손하게 따라하면 복이 있다
하나님 영접하는 것 나를 곧 영접해

　　　　　　　　　　시조로 읽는 모세5경 4복음서

너희 중 한사람이 나를 팔 것이니라
예수 품 *안긴 제자 그가 누구이니이까
예수님 떡 한 조각을 가룟 유다 주시다
*요한

새 계명 주느니라 너희 서로 사랑하라
내가 너희 사랑하듯 너희 서로 사랑하라
너희가 서로 사랑하면 내 제잔 줄 알리라

베드로 이르되 *주님 어디로 가십니까
주님을 위해서는 목숨도 버리리라
그러나, 닭 울기 전에 나를 부인 세 번을
*라틴어 : 쿠오 바디스 도미네 (Quo Vadis Domine)

제 14장
너희는 네 마음에 근심하지 말지니라
아버지 집에는 있을 곳이 많이 있다
너희들 있을 곳 마련 나 있는 곳 너희와

도마가 주님에게 가시는 길 모릅니다
예수님 나는 곧 길과 진리 생명이다
나를 통하지 않고는 아버지께 못 간다

내 안에 아버지 아버지안 내가 있어
구하면 다 이룬다 내 이름으로 아버지께
보혜사 너희와 함께 영원토록 함께해

내 계명 지키는 자 나를 사랑하는 자니
그런 자 하나님께 사랑받을 것이로되
나도 그 사랑하여서 나타내리 그에게

보혜사 성령께서 주님 말씀 생각나게
평안을 네게 준다 세상 평화와 다르니라
너희는 두려워하고 근심하지 말아라

제 15장
아버지 농부이고 참포도나무 나이니라
너희는 가지이니 나 떠나면 열매 없다
너희가 내 안에 있어 무엇이든 구하라

열매를 많이 열면 아버지 영광 나의 제자
아버지 나 사랑하듯 나도 너희 사랑했다
너희가 사랑 안에 있어 기쁨 충만 하게해

너희를 사랑하듯 너희 서로 사랑하라
친구 위해 버린 목숨 더 큰 사랑 없느니라
너희는 나의 친구다 너희 선택 내가해

———

너희가 내 이름으로 무엇을 구하든지
아버지 너희에게 모두 주실 것이니라
너희게 명령하나니 너희 서로 사랑해

너희를 미워한 이 나를 먼저 미워했다
너희를 세상에서 택하였기 미워한다
보혜사 진리의 성령 그가 나를 증언해

제 16장
너희를 회당에서 쫓아내고 죽이는 자
그 행위 하나님을 섬기는 일로 생각한다
그들이 아버지와 나 알지 못함 이러라

사람들 나를 믿지 않는 것이 죄이니라
너희가 다시 나를 못 보는것 의(義)이니라
심판은 *세상 임금이 심판 이미 받았다
*사탄

성령이 오시며는 너희를 진리인도
들은 것 말을하며 장래 일 알리리라
내 영광 나타내는 것 너희에게 알리리

너희는 애통하나 세상은 기뻐한다
너희는 근심하나 도리어 기쁨된다
너희가 다시 나를볼 때 기쁨 넘칠 것이다

잠시 후 너희들 나를 보지 못하리라
제자들 예수님께 무슨 뜻 그 말씀이
지금은 슬퍼하지만 기쁨 넘칠 날 온다

너희가 나를 사랑 하나님이 너희 사랑
아버지 나온 내가 아버지께 돌아간다
너희들 용기 내어라 내가 세상 이겼다

제 17장
예수님 하나님께 우러러 기도하길
아들로 아버지를 영화롭게 하옵소서
만민들 영생 주시려 내게 권한 주도다

영생은 하나님과 그리스도 아는 것
창세전 하나님과 영화롭게 있었나니
만민을 내게 주시매 말씀으로 지켜내

예수님 비옵는 것 하나님 자녀 위한 것
아버지 이름으로 그들을 보전하여
그들을 멸망치 않고 구원하려 *악에서
*마귀

아버지 진리 말씀 진리로 거룩하게
아버지 내 안에 아버지 안 나도 있어
내 백성 주안에 있어 나를 믿게 하소서

세상이 아버지를 몰라도 나는 알아
아버지 이름을 그들에게 알게 하고
사랑이 그들의 안에 나도 있어 그들 안

제 18장
동산의 예수님을 잡으러온 경비병에
누구를 찾고 있나 *내가 바로 *그니라
베드로 칼을 가지고 *말고의 귀 베니라
*예수님
*말고 : 대제사장의 종

예수님 결박되어 안나스에 끌려가
베드로 문지키는 여종에게 예수 부인(否認)
경비병 대제사장이 예수님의 뺨때려

빌라도 총독 관저 끌려가신 예수님께
유대인 왕이더냐? *내가 왕 *네 말대로
예수님, 나의 나라는 이 세상이 아니다
*내가 : 예수님
*네 : 빌라도

빌라도 유대인에 예수의 죄 못 찾았다
유월절 관례대로 *유대인 왕 놓아주랴
유대인 소리 지르며 바라바를 놓아줘
*예수님

제 19장
예수님 채찍 맞고 가시관에 자색 옷을
빌라도 예수님을 놓아 주려 애썼으나
유대인 소리 지르며 못 박으라 십자가

시조로 읽는 모세5경 4복음서

유월절 *준비일 빌라도 재판석에
유대인 예수님을 십자가에 못 박으라
십자가 못 박으라고 예수님을 넘겨줘
*금요일

예수님 골고다에 강도들과 십자가에
죄패엔 유대인왕 예수님 옷 나눠가져
예수님 십자가 아래 어머니와 여인들

예수님 십자가서 어머니와 제자보고
여자여 보소서 아들입니다 하시고
보라 네 어머니라 내가 목마르다

예수님 다 이루었다 말씀 후 영혼 떠나
창으로 옆구리를 찌르자 물과 피가
그 뼈가 안 꺾이리라 성경말씀 이뤄져

예수님 제자 요셉 아리마대 사람으로
빌라도 허락받아 새 무덤에 장사할 새
*향품을 니고데모가 바르니라 시체에

*백(100)리트라 : 1리트라는 327g

제 20장
*안식 후 *첫날 일찍 막달라 마리아가
예수님 무덤의 돌 옮겨진 것 보고 놀라
베드로 요한과 함께 무덤으로 달려가

*안식일 : 지금의 토요일

*첫날 : 지금의 주일(主日)

예수님 무덤 안에 베드로 들어가니
예수님 시신 쌌던 수건과 세마포만
성경에 다시 사신단 말 못 깨달은 제자들

마리아 무덤 안을 울면서 들여다봐
흰 옷의 두 천사가 마리아에 왜 우느냐
내 주님 옮기어다가 어디둔지 말하라

예수님 마리아에 울며 누굴 찾고 있냐
마리아 예수님을 동산지기로 알았으나
예수님, 하나님께로 올라간다 전하라

유대인 두려워서 제자들 방문 잠가
예수님 들어오셔 평강이 너희에게
너희들 성령 받고서 죄 용서도 하여라

*도마는 예수님의 못 자국과 창 자국에
내 눈과 내 손으로 보고 만져야 믿을지라
예수님 보지 못하고 믿는 자가 복되다
*별명 디두모(쌍둥이)

예수님 많은 기적 제자 앞에 행하셨고
복음서(福音書) 기록 목적 예수님은 그리스도
하나님 아들을 믿어 영생 얻게 함이라

제 21장
베드로 *디베라서 물고기 못 잡을새
예수님 말씀하되 배 오른편 그물 던져
물고기 백 쉰 세 마리 주님 말씀 순종해
*갈릴리 호수를 말함

숯불 위 떡과 생선 잡은 생선 가져오라
예수님 너희들도 아침식사 하려무나
예수님 제자들에게 세 번째로 나타나

예수님 베드로에 나를 사랑 하느냐
베드로 주를 사랑 주님께서 아십니다
예수님 말씀하시길 내 어린양 먹이라

예수님 두 번째로 나를 사랑 하느냐
베드로 주를 사랑 주님께서 아십니다
예수님 내 양을 치라 베드로에 말씀해

예수님 세 번째로 나를 사랑 하느냐
베드로 슬픈 표정 주님사랑 주님아셔
예수님 내 양 먹이라, 너는 나를 따르라

베드로 젊었을 때 마음대로 다녔으나
늙으면 팔 벌리고 너를 데려 갈 것이다
베드로 하나님 영광 나타내는 죽음을

요한은 어찌되나 예수님께 묻자오니
요한이 나올 때까지 살아있다 하더라도
*너와는 상관없느니 너는 나를 따르라
*베드로

예수님 사랑하시는 제자 요한 그의 증거
진실된 것임이라 예수께서 행하신 일
낱낱이 기록된다면 세상 둘 곳 없도다

*　*　*

나의 주 나의 하나님,
내가 주를 믿고 찬양하나이다.
아멘

에필로그

사람을 사랑한다는 것

———

인생에서 가장 허무한 것이 무엇일까?

그것은 네 인생이 '아무것도 아니었다.'고 평가 받는 것이라고 생각합니다.

사랑 없는 삶은 아무것도 아니라고(고전13:2)했습니다.

모세는 민족을 품었던 사랑의 화신(化身)이었습니다.

그에게는 '자기 개인'은 없었습니다.

저는 그에게서 예수님의 모형을 보았습니다.

우리 사는 세상에 모세와 같은 지도자를 보았으면 하는 열망이 가득합니다.

모세는 군림하거나 지배하려들지 않고 오직 민족을 탄생시켜 가나안으로 이끌기 위해 사랑으로 자기를 불태웠습니다.

모세는 인간들이 추구하는 부귀공명과는 거리가 먼 고독한 지도자였습니다.

광야가 그의 집이요 뜨거운 햇빛과 비바람이 그의 옷이고 만나와 메추라기가 그를 지탱해주는 음식이었습니다.

그에게는 오직 하나님과 민족 구원과 국가 건설로 가득 찬 큰 욕심으로 가득 찬 자기를 텅 비운 지도자였습니다.

인류역사에서 많은 영웅들이 역사책에 기록되어 있지만 모세만한 지도자는 없습니다.

그는 광야 40년 민족을 이끌고 자기가 그리던 목적지에 도달하기 전 고독하고 장엄한 죽음을 맞습니다. 위대한 체념(諦念)아니, 위대한 포기(拋棄)를 보여주는 큰 그릇을 모세에게서 봅니다. 모세는 죽음에 앞서 더 살아 가나안에 들어가게 해달라고 몸부림치지 않았습니다. 그래서 하나님은 모세를 '하나님의 사람(The man of God 신33:1)'이라고 했습니다.

위대한 지도자의 죽음을 읽으면서 눈물을 흘렸습니다.

그리고 내가 길이요, 진리요, 생명(요14:6)이시라고 하시고, 진리를 알지니 진리가 너희를 자유케 하리(요8:32)란 우리 주 예수 그리스도의 생생한 말씀과 삶을 보여주신 4복음도 시조를 옮기면서 인류가 평화롭고 서로 사랑하며 행복해졌으면 하는 바람을 가져봅니다.

모세5경과 4복음을 감히 시조형식으로 써보려고 시작했던 자체가 하나님께 불경한 것이 된 것 같아 두렵기도하고 떨리기도 했습니다.

지나치게 줄여서 성경 본질에서 벗어나지 않았나하는 마음에 마음을 졸이고 있습니다.

이 시조를 읽으며 성경전체를 읽고 싶다는 동기유발이 되었으면 하고, 나아가 하나님을 알고 믿는 이들이 생겨났으면 합니다.

그리고, 믿는 이들은 신앙을 더 다지는 계기가 되었으면 좋겠습니다.

또 살면서 가장 두려운 것이 불감증(不感症)이 아닌가 합니다. 기쁘고, 즐겁고, 슬프고, 괴로운 것을 느끼지 못하는 것과 나아가 죄를 죄인줄 알지 못하는 삶이야말로 인간이 인간답게 살기를 거부하는 것과 같습니다.

많은 죄를 지었으나 용서받고 산다는 구원의 기쁨을 누리기보다 그 기쁨을 잃고 사는 것이 더욱 안타깝습니다.

바른길로 가고 싶어도 어느 것이 바른 길인지 모르겠고 남과 비교하며 살아가는 버거운 답이 없는 인생길에 구원의 본질을 회복하고 전도자의 길과 바른 삶을 살아가는 안내서인 성경에 이 책이 쉽게 다가가는 계기가 되었으면 합니다.

제가 이 시조를 쓰는 동안 아내 김춘자 권사는 신구약 성경을 필사했습니다.

이 일련의 작업을 통해 아들 창열이, 공열이와 어린나이에 탈북한 후, 한 가족 된 아들 영철, 영호, 철, 철민이를 비롯하여 제 손자손녀들이 하나님을 더 알고 견고한 신앙을 가지는 계기가 되었으면 하는 간절한 소망입니다.

이 책은 저의 어머니 홍권희 권사님이 살아계실 때 내려고 하였었는데 그때까지 원고가 안되어 작년(2015) 10월 5일 돌아가시는 아픔을 겪은 후에야 출판하게 되어 안타까운 마음이 지워지지 않습니다.

이 책이 나오는 데는 많은 분들의 기도와 수고가 있었습니다.

그리고 제 삶에 도움을 주시고 사랑을 주신 목사님, 여러 어른, 형제자매 친척·친지, 선후배, 제자들과 교우 여러분께 감사드립니다.

'내가 확신하노니 사망이나 생명이나, 천사들이나 권력자들이나 현재 일이나 장래 일이나 높음이나 깊음이나 다른 어떤 피조물이라도 우리를 우리 주 그리스도 예수 안에 있는 하나님의 사랑에서 끊을 수 없으리라.' 〈롬 8:38,39〉

에필로그

시조로 읽는
모세5경 4복음서

초 판 발 행 일 | 2022년 7월 25일

지　은　이 | 유화웅
펴　낸　이 | 배수현
디　자　인 | 박수정
제　　　작 | 송재호
홍　　　보 | 배예영
물　　　류 | 이슬기

펴　낸　곳 | 가나북스 www.gnbooks.co.kr
출 판 등 록 | 제393-2009-000012호
전　　　화 | 031) 959-8833
팩　　　스 | 031) 959-8834

I　S　B　N | 979-11-6446-056-4(03230)